水辺のまち　江東を旅する

目次

刊行によせて

陣内秀信

私の江東への関心は、学生時代、神田の古本屋でみつけた1冊の本との出会いに始まる。西村眞次の名著『江戸深川情緒の研究』（大正15年）がそれだ。

3年間にわたるヴェネツィア留学を終え、帰国してしばらくした1980年代初めのことと記憶する。東京もかつて水の都市だったことに気づき、ヴェネツィアと東京を比較することの面白さにはまっていた頃のことである。

著者、西村は、この本の冒頭、永代橋を越えて深川に入る際の情景を、本土から鉄道橋でヴェネツィアの島に渡って入る情景と重ねて描写することから書き起こし、この深川がいかに水と結びつきながら発展したかを記述する。漁業、富岡八幡宮門前の花街、木場、佐賀町の流通など、産業経済から文化まで、どれも水によって育くまれたと説く。今風の「都市論」を先取りする実に先駆的な本だと感心したものだ。

以来、私の深川、江東歩きが始まった。富岡八幡宮の祭礼を間近で見て、神輿が永代橋を越える光景に感動したのを思い出す。門前の水路沿いには、花街の料亭、待合の建物がまだ残っていた。掘割の水面には、まだ木材が浮かんでいたように思う。

江東の魅力は、江戸の伝統的な文化だけではない。昭和初期を中心とするモダンな文化がこの地域の大きな特徴だった。何よりも同潤会アパート。震災復興の時代、東京の下町は、モダンな空気に包まれ、洒落たデザインの建築が続々と登場。その中で異彩を放ったのが同潤会アパートだった。住利アパートが私のお気に入りで、囲い型の見事な配置をみせ、道路に沿った1階には下町らしく店が並び、内側に大きな中庭＝広場がとられ、人びとはそこから各階にアプローチ。その角にある螺旋階段の格好いいデザインが目を奪った。中庭にはゲートボールに興じるお年寄り、元気に遊ぶ子どもの姿があり、コミュニティの核となっていた。

木場が新木場に移り、花街もなくなって個性が薄れた江東区は、交通至便な都心だけにマンションの建設ばかりが活発になり、本来のアイデンティティを失うのでは、と心配な時期があった。だが幸い、そうならずにすんだ。例えば、この数年の清澄白河エリアの動きには目を見張らされる。江東の木場公園に東京都現代美術館があり、直近に地下鉄の清澄白河駅ができたこともあって、この界隈に元気が戻ってきた。ご縁があって親しくなった商店街のリーダー、文房具屋の分部登志弘さんの頑張りもあり、シャッター街になりかかっていた資料館通りのまわりに、古い建物をリノベーションしたアートギャラリーが次々に登場。さらには、木材商の倉庫、町工場の建物が活かされ、近年では、ブルーボトルをはじめとする洒落たコーヒー店が続々と誕生し、新たな経済活動が生れ、文化の発信を始めたのだ。これこそ歴史、伝統、水の都市の記憶など、地元の蓄積を活かした江東らしい現在の営みだろうと、私も気をよくしていた。

そんな折、大学の建築学科の大先輩で、私の敬愛する松川淳子さんから、本書の構想のお話をうかがい、連載時の文章を読ませていただいて、その内容の面白さ、新鮮さにグイグイ引き込まれた。

江東区の情報誌に連載されたコラムがもとになっていて、毎回のテーマ、切り口が実に興味深い。いくつもの歴史の重なりがあり、人びととの多彩な営みが集積する江東地域の場所が醸し出す独特のトポスが、くっきりと描かれる。その基層には度重なる災害にもめげず頑張ってきた「水辺のまち」が生きている。

まちや地域、暮らしの場に向けられる松川さんの眼差しはどこまでも優しい。東京の西側で育ったご本人にとって、歴史と文化の厚みのある、都市性にとんだ江東の地は、憧れの対象であり、そこにリスペクトの姿勢が常にある。それだけに、大規模開発が続くこの地で、その江東らしさ、文化的アイデンティティが失われないようにするには、どうしたらいいのか。建築家、都市づくりの専門家としての思いも綴られる。「あこがれのコミュニティ」について、江東が培った豊かな経験から学ぶ、考えるというのが本書の基本テーマになっている。

松川さんの描く世界は、ついつい陥りがちな下町の伝統へのノスタルジーへの傾倒とは異なる。過去、現在、そして未来へどう受け継ぎ、発展させるのか、常に投げかける。江東は、「懐かしさと新しさがまじりあったまち」、という表現に共感を覚える。

コラムの連載ということで、エッセイ集ではあるが、その一つ一つの文章に深い思索が込められ、まちや地域のことを考えるヒントが詰まっている。しかも、それはその土地に長く暮らし、営みを続け、地域に愛着と誇りをもつ方々のインタビューによる貴重な情報から導かれたことばかりで、大きな説得力がある。近年、古いまちに入り込み、輝きを見せる現代アートの役割にも大きな期待を寄せる。

こうして紡ぎ出された江東の、江戸以来の「水のまち」としての歴史、土地の集合的な記憶、人びとの暮らしと結びつく思い出、生活の場に関する過去の情景が、読み手の目の前に、リアルに再現される楽しさがある。

本書には松川さんらしいメッセージが込められている。「まちに住む」から始まる点もその一つ。現代人は、どうしても個人主義、あるいは利己的に走り、自分の「家」のことしか考えなくなりがちである。だが、下町のよさを受け継ぐ江東には、「ともに暮らす意識」、集まって住む文化、伝統が育まれ、それが遺伝子となっている。その経験が今、出現している高層マンションからなる新たな住宅地にどう受け継げるのか、松川さんは問う。

何と言っても心を打つのは、人びとの日常の暮らしに優しい目を向けて撮り続けられた内海三郎さんの貴重な写真だ。同潤会アパートの屋上でのびのび遊ぶ子どもたち、紙芝居に釘付けになった子どもたち。貴重な記録であると同時に、未来を考えるのに多くの手掛かりを与えてくれる。

江東を深く楽しく知るにはもちろんのこと、日本の今後のまちの在り方を考えるにも、ぜひ読んでもらいたい素敵な本だ。

陣内秀信（じんない ひでのぶ）

法政大学デザイン工学部教授。東京大学大学院工学系研究科博士課程修了
専門はイタリア建築史・都市史。都市史学会会長、アマルフィ名誉市民。
著書に『東京の空間人類学』（筑摩書房　1985年　サントリー学芸賞）、『ヴェネツィア - 水上の迷宮都市』（講談社　1992年）、『水の都市　江戸・東京』（編著　講談社　2013年）、『水都ヴェネツィアーその持続的発展の歴史』（法政大学出版局　2017年）など。

まえがき

東京の西の端に住んでもう40年を超えた。そもそも父の転勤先大阪の浜寺（堺市）で生まれて、すぐ世田谷に戻り、空襲を避けて高尾へ引っ越し、戦後の住宅難の中で、高尾の中でも3カ所、その後、国立、中野と、引越しを繰り返した。小学校は高尾で入学し、2年生で国立へ転校して国立市の中で3校を経験し、卒業したのは中野だから、小学校だけで通算5校を経験した。

まちづくりの仕事に就いてからも、文京区本郷、文京区白山、港区神谷町、中央区八丁堀（2か所）、新宿、港区芝、千代田区麹町その1、麹町その2と仕事場を移し、東京中を駆け巡って過ごした。根なし草でふるさとがないということはずっと私の心の中にコンプレックスとして居座り続けている。建築を専攻するようになって、同年輩の友人で「生まれてから一度も引っ越しを経験したことがない」という人に出会った時は本当に驚いたものだ。

現在住んでいるまちは、画期的に長く住み続けているので、ここがふるさとだと言えなくもない。ここで子どもを育て、両親の旅立ちを見送った。歴史があり、風格の残るまちである。東京の「ハジッコ」というより、地方都市のように、美術館やホールのような文化施設を始め、病院、刑務所、少年院などの施設がそろっているのも結構気に入っている。しかし「ここがふるさとである」ときっぱりと言い切れない何かがあるのも確かだ。

仕事がらみで頻繁に江東区を訪ねるようになったのは１９９１年からだが、これまで知っていたまちとまったく違う人や住まい――まちの有り様に心からびっくりした。東京の西の端の自宅から東の端の江東区へと通いながら、このなんともいえない懐かしさと新しさがまじりあった、水辺を持つまちについて考え、それに対するあこがれは、私の中に根を下ろし、いつまでも消えることがなかった。

１９９３年に区の職員の方と一緒に、江東区のまち歩きをしながら、江東区の魅力を発掘するための本『もっと江東感じたい』を制作する機会を得たことは、大変うれしかった。江戸の昔から都市の居住機能を引き受け、集合住宅のまちとして、まるでフィールドミュージアムのように、その時代時代の住宅をいろいろな形で残していることがわかったのも収穫だった。新しいものを果敢に受け入れ、チャレンジ精神を失わないにもかかわらず、古いものが大切にされ、親子何代にもわたって同じ空間を見ることができることも確認できた。江東区は「時の見えるまち」なのだ。

仕事だったり仕事抜きだったりしながら、私の江東区通いは続き、友人５人と「江東区の建築を考える会」もつくった。２００７年から15年まで、（公財）江東区文化コミュニティ財団の発行する情報誌『カルチャーナビ KOTO』にコラムを連載する機会をいただき、「あこがれのコミュニティ」について考えるまたとない機会となった。連載が終わって2年が経ったが、このまちを歩きながら考えたことをまとめておこうという気持ちが強まった。考え続けてきた「コミュニティとはなにか」という問いへ、私なりの答えを見つけたい。

第1章は、取材当時の状況を伝えるために、必要最小限の修正を加えただけで、連載時の原稿を再録している。またその時撮影した写真で、連載時には掲載できなかったものを若干加えた。

第2章は、連載時に取り上げた対象が、その後、どうなったかを知るために、17年3月から同じ場所を歩き、歳月による変化を書いたものである。写真も17年撮影のものである。

第3章は、『カルチャーナビKOTO』の連載で、2012年から15年まで、内海三郎さんの撮影した写真に文を寄せる形で書いてきたものをこの章にとりだした。内海さんの撮影された膨大な写真は、いずれも貴重なものであるが、今回、ほんの一部をご家族からお借りし、章の後半に加えてある。

第4章は、江東区に勤められ、江東区をこよなく愛する方々による座談会。「江東区への愛」が何に根差しているのか、これからの江東区をどう考えるかも話していただいた。

江東区はいま、ビッグプロジェクトを抱えて何度目かの大きな転機を迎えている。未来はどうなるか、「ときの見えるまち」のよさをいつまでも持っていてほしいというのが、私の願いである。

第1章　江東の時間《とき》と空間《まち》

まちを歩くのは楽しい。
知らないまちかど、慣れ親しんだまちなみ、新しい発見や確認が心を豊かにしてくれる。
とりわけ、水害、大震災、戦災、と、いくつもの災害を受けながら、
そのつどそれを乗り越えてきたこの水辺のまちは、
出会う場所も出会う人もそれぞれの歴史を雄弁に語っていて、
歩く楽しさと感動をいきいきと伝えている。
水辺のまちに行ってみよう。
その時間と空間に触れ、人との出会いを楽しみ、未来へ踏み出す力をもらおう。

第1章は、2007年5月から15年6月までの間に、（公財）江東区文化コミュニティ財団の情報誌『カルチャーナビＫＯＴＯ』に連載した2012年2月までの原稿に、必要最小限の修正を加えただけで再録し、取材当時の写真を若干追加した。

まちに住む ❶

豊洲――未来に向かう垂直のまち

駅前広場の円形デッキで憩う人びと（07.04.13）

巨大都市東京の地下を縦横無尽に走る地下鉄で、タイムトンネルに乗った気分を楽しみながら、地下鉄有楽町線・豊洲駅を出ると、そこに待っているのは「未来のまち入り口」だ。忙しげに行き交う黒いスーツ姿のビジネスマン風の人びとをよそに、駅前広場の円形デッキの上では、テーブルを囲んで子ども連れの母親グループが楽しそうに談笑中。向こうのテーブルでは、熟年の男性がゆったりとコーヒーを楽しんでいる。これらを横目に、「未来のまち入り口」を上がり、いざ、豊洲のまちに入ってみよう。

豊洲・東雲・晴海と周囲を3つの運河に囲まれたまち・豊洲は、大正から昭和にかけて東京湾を埋め立てて、海から陸へと変身した。以来、工場や埠頭が連なる工業地帯として、日本の近代化を推進し、日本経済を支える役割の一端を担ってきた。時が流れ、産業構造の変化がその役割の終息をもたらすと、豊洲は、高層マンションやスポーツ・文化施設、大学などを持つ住宅地へ、また、ビジネス街へと変身を続け、まちの住民たちは多様化した。

林立するクレーンと巨大なトラックが行き来する工事現場、未来のまちはまだまだ「構築中」。20階を越す高さの集合住宅が何棟も立ち上がっている。歩道橋から眺めるまちの風景は、未来都市・江東区がやはり集合住宅主流のまちであることを再認識させてくれる。勘定してみるまでもなく、こうした高層マンションが1棟できると、２５０から３００戸の住宅が入るから、1町内会程度の住宅が新しくできることになる。水平のまちから垂直のまちへ――空に展開する町内会――空中町内会だ。

晴海通りの歩道橋から豊洲1丁目方向を見る（07.04.13）

首が痛くなるほど仰向かないとてっぺんが見えない高さの「町内」には、お隣さんや、そのまたお隣さんたちと知り合える「まちかど」はあるのだろうか。おしゃべりに夢中になる「井戸端」はあるのだろうか。子どもからお年寄りまで集まって行なっていた町内会の清掃作業は、垂直の町内でどのように行なわれていくのだろうか。

ひとたびことが起きた時、日頃の「知り合い度」がものをいう。未来のまちに「落とし穴」があったとしても、それを補ってあまりある新しい住み手の絆が生まれていくかどうか、それは私たちの、未来のまちのあり方を決めるものとなるだろう。

（2007年5月）

駅前に建つ豊洲文化センター・図書館（07.04.13）

未来のまちを「構築中」（07.04.13）

豊洲駅前：豊洲２丁目、３丁目
[map:p82 ❶]

まちに住む ②

小名木川と団地と緑——大島地区の集合住宅群

大島六丁目団地の中央広場（07.05.26）

大島地区を小名木川沿いに歩くと、その河岸に集合住宅が集中して立地していることがわかる。川の北側には西から東へ、公社、公団、都営……と団地が続き、川の南側には民間マンション群が林立する。いったい何世帯、何人が住んでいるのだろう、どうしてここにこれだけの住宅が集中したのだろうか。

小名木川は天正年間（16世紀末）に開削され、江戸城の家康や江戸の市民に必要な物資を運び、大都市江戸の生活を支えた。明治、大正、昭和と時は流れたが、小名木川の役割は変わらず、水運を利用するメリットを生かして大規模な工場が周辺に立地していった。

昭和30年代まで工場が主流だった小名木川周辺の風景も、昭和30年代後半から徐々に姿を変え始め、40年代に入ると様相が変わった。昭和34年に制定された「首都圏の既成市街地における工業等の制限に関する法律」、昭和42年の「公害対策基本法」、昭和44年の「東京都公害防止条例」等の影響を受けて、大規模工場は次々に移転した。多くの工場跡地が、膨れ上がる東京の人口を受け入れる器として、集合住宅へと変身し、その器づくりを担って昭和35年に設立された日本住宅公団は、昭和44年には大島4丁目団地を、昭和46年には大島6丁目団地を建設した。小名木川沿岸の集合住宅団地の中でも、この両団地は抜群の規模を誇っている。

団地の建設からさらに半世紀近くが経過したいま、大島6丁目団地を訪ねてみよう。建設当初、殺風景に見えた団地のオープンスペースも、木々が立派に成長し美しい緑陰をつくりだした。ベンチに憩い、談笑する高齢者や子どもを

小名木川の両岸に並ぶ集合住宅（砂島橋より）（07.05.26）

遊ばせながら休息する母親の様子からは、このオープンスペースが、ここに住む人びとの生活の一部として根付いているのが実感される。

14階の高層住宅（超高層住宅が一般化した現在、14階は中層というべきかもしれないが……）で囲まれた広い中庭も、緑が輝いて見える。そう、公的団地は都市における貴重な憩いの場としての役割を持っているのだ。もう一度小名木川の河岸に戻ってみると、江戸、明治、大正、昭和、平成まで、都市を支えた運河が、フェンスで囲まれ、触れるすべもないのはいかにも残念に思えてくる。水と緑はまちの暮らしにゆとりと活気をもたらす、まちの宝物なのだ。

（2007年7月）

大島６丁目団地の緑陰（07.05.26）

砂島橋：大島５～北砂５
大島６丁目団地
[map:p82 ②]

まちに住む ③

清洲寮——まちの歳月

入り口にかけられた堂々たる建物名（07.08.13）

「寮」という名前がついているものの、清洲寮は、れっきとした現役の賃貸マンションである。

4階建て、70メートルを越す横長スタイル。1階部分は、事務所や駐車場、店舗などに使われ、2階から4階までが住宅である。薄い鶯色の外装、特徴的な横長の開口部などが、端正で凛とした佇まいを見せ、メンテナンスのよさを感じさせる。建物の北側の外観がこんなに美しい集合住宅はいまどきめったに見つからないだろうと思いつつ、この建物を所有・管理する清洲土地建物の嵐田雅子さんのお話を聞くことにする。

1933（昭和8）年、清洲寮は竣工した。嵐田さんの祖父・長谷川亀蔵が、当時知りあいだった下村久之助という建築家に話をもちかけられ、建設したという。下村久之助は、ジェネコン（工事請負業者）の技師だったが、イギリスで開催された博覧会を見学、ベルギー、オランダなどヨーロッパを回り、これからは「集合住宅と自動車の時代」であると確信して帰国、長谷川と意気投合したそうだ。清洲寮は、彼らの確信にみちた予感を背負って、1階に車庫と店舗、2階以上に住宅が計画されたという。66戸の住宅の中は6畳が2つのタイプと6畳＋4.5畳のタイプがあり、当初風呂はなかったが、トイレは水洗、和洋折衷形式である。

「とにかく、よく考えられているんですよ」と嵐田さん。「人生の大半をここで過ごした」嵐田さんにとっては、初期の「ハイカラアパート」としてお洒落な人たちが住んだ場所というよりは、自分が子育てしながら暮らした日常生

建設当時と変わらぬ佇まいでまちの変化を見続けている
(07.08.13)

スクラッチタイルの壁、
モザイクタイルの床
(07.08.13)

活の舞台としていとおしい。暑い盛りでも風が通り、南の窓からは霊巌寺の緑が目に入る。プライバシーも守られている。屋上には子どもたちの遊び場や洗濯場が共有スペースとして造られていた。

外観を損ねずガス・水道管などのライフラインを換え、風呂を取り付けることなどのメンテナンスもしやすく、時代に柔軟に対応できた。「結局、建物にゆとりがあるのね」ということになった。お金にならないかもしれない部分に、長い年月に耐えるための「ゆとり」が隠されている。これが清洲寮の長寿の秘密だ。人間も同じかもしれない。

戦災も不況もバブル経済も経験し、まちと時代の変化を見続けてきた清洲寮は、昭和初期の建築の実物をほとんど失ってしまったまちにとって、いまや数少ない貴重な資源。民間のものであっても、まちの「顔」としての役割は、はかり知れないほど「公的」である。さらなる長寿を重ねるための支援の工夫が望まれている。

(2007年9月)

清洲寮：白河 1-3
[map:p82 ③]

まちに住む ❹

まちの記憶――清砂通アパートの変容

1999 年当時の同潤会・清砂通アパート 1 号館

江東区は、ついこの間まで（というのは個人的時間感覚でしかないが）、同潤会によって建設された集合住宅がたくさんあることで知られていた。同潤会というのは、１９２３年の関東大震災後、その義捐金をもとに当時の内務省が設立した財団法人である。震災後の復興関連事業に出発し、仮設住宅の建設、障害をもった人びとの授産所、住宅供給、不良住宅地区の改良など、社会的色彩を強く持ちながらも、新しい都市と住まいのあり方を模索するという方向に事業を拡大しながら、41年、住宅営団の設立とともにその役割を終え、18年の歴史を閉じた。

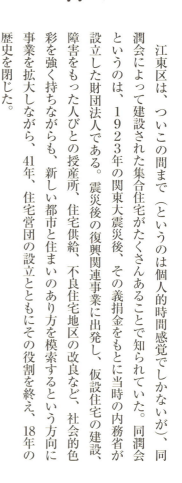

同潤会の事業の中でも、主要なものだった鉄筋コンクリート造アパートメントハウスの建設は、25（大正14）年に着工した中之郷（墨田区）から30（昭和5）年に竣工した東町（江東区）まで、東京の下町を中心に横浜をふくめて16カ所あった。そのうち、江東区には、清砂通、猿江（住利）、東町があったのである。戦災も生き抜いたこのアパート群は、２００３（平成15）年までにすべて取り壊され、今はない。

これらのアパートが、その後の集合住宅史に輝かしい功績を残しているのは、「アパート」が単に「新式の住宅が集まったもの」としてだけでなく、さまざまな共有施設を持ち、そこで暮らす人びとの「ともに暮らす意識」を育むことに役立っているからである。清砂通アパートは、こうした意味で、もっとも同潤会らしい特徴を持ったアパートのひとつだった。広い街区にまたがり、都市景観にも配慮し、大規模な戸数、ヴァリエーションに富んだ住戸平面、児童遊

公共施設のある低層部と超高層住宅に建て替わった（07.10.18）

かつての建物の平面図を１階床面に描いている（07.10.18）

園や食堂の他に娯楽室や医療室もあったという。

清砂通アパート1号館に向き合う交差点に立つと、いま、そこには、公共施設と超高層住宅から構成される大規模な開発の結果が建っている。低層部分には、清砂通アパートの面影を残そうとした設計者の苦心が見えるし、通り抜けになった通路には、アパートの歴史が床面のペーブに記されている。まちの記憶の継承はむずかしい。設計者の苦心はともかく、この建物がまちに「市民権」を得るためには、少なくとも１００年に近い歳月が必要なのである。

（２００７年11月）

清砂通アパート：白河３-4
[map:p82 ④]

まちに住む ⑤

まちに流れた時間 古石場住宅のいま

1994 年当時の古石場住宅

3枚の写真がある。江東区古石場2丁目にかつてあり、いま、生まれ変わった、「旧東京市営古石場住宅」の１９９４（平成6）年、99（平成11）年、07（平成19）年の姿を写したものである。ほとんど同じ視点から写したこの写真は、江東区のこの10年間のダイナミックな変化を示している。関東大震災の前後に建設されたこのアパートは、住み手による増改築を重ねながらも、全体としてほとんど原型のまま70年以上もの歳月を重ねてきたが、ついに江東のまちから姿を消した。

いかにも歴史を感じさせる名前、「古石場」の由来は、江戸城築城のために必要な石や、江戸市中の家の土台に使う石の置場だったためという。明治以降の工業立国政策の中で東京には膨大な人口が集中し、そのための住宅の確保が社会問題として浮上した。東京市は、〈市内居住者の増加に伴ふ住宅難緩和のため〉、１９１９（大正8）年、市会において市営住宅3カ所の建設を決定した。月島住宅、真砂町住宅とともに該当したのが、この古石場住宅である。

古石場の5棟・１２３戸の住宅は、第1期工事である1号棟から4号棟まではかろうじて関東大震災前の23（大正12）年3月に、第2期工事の5号棟は震災後の26（大正15）年3月に竣工している。第1期工事は鉄筋ブロック造、第2期工事は鉄筋コンクリート造で、震災を挟んで、都市の不燃化や耐震化、「集合住宅」という新しい住み方の普及に取り組んだ東京市の意気込みが伝わるものだった。共同浴場、食堂、公益質屋等の施設を備え、配置にも工夫がこらされた。小規模ではあるが、集合住宅地計画のモデルであったといえよう。39（昭和14）年ごろから取り壊しまでの60年以上をここに住んだ女性のお話では、当

1999 年当時の古石場住宅

時の住み手は、教師、公務員、大企業の勤め人などで、かなりの「高級住宅」だと思ったそうだ。

しゃれた横文字名前の超高層として生まれ変わったいまの古石場住宅は、旧東京市営古石場住宅のヒューマンスケールを失ったとはいえ、住宅以外にも、集会室や高齢者在宅サービスセンター、在宅介護支援センター等の施設を備え、高齢社会を迎え撃つ用意は整ったように見える。

住まいの「集合」に対する行政の熱い想いや意気込み、住み手の連帯を育む空間の考え方などが、まちに流れた時間の中でどうなったか――これからのまちの行方にその答えがある。

（2008年1月）

2007 年超高層住宅に建て替わった（07.08.13）

1 階には店舗もある
（07.08.13）

2 階には医療関連の
施設も入っている
（07.08.13）

ウエルタワー深川（古石場住宅）：
古石場 2-14
[map:p82 5]

まちに住む ⑥

「ヒューマンスケール」のまち――木場公園三好住宅

既存のまちに溶け込む中層集合住宅（09.06.24）

臨海部や都心で、超高層住宅が当たり前のような時代になったいま、木場公園三好住宅の存在意義を見直してみたくなって梅雨の晴れ間の暑い日にこの住宅地を訪ねてみた。

木場三好地区では、１９７０年代に建築物不燃化と道路・公園等の基盤整備、都市型住宅の供給を目的とした防災再開発計画が進められた。その中で木場公園三好住宅は、地区内に居住する方たちのための「従前居住者用住宅」のほかに「一般公募用賃貸住宅」、「分譲住宅」を含み、合計81戸がＵＲ都市機構と坂倉建築研究所により計画・建設された。「羊羹《ようかん》型・平行配置」の公的住宅の建設が多い時代に、中庭を囲んだ低層・中層の棟から成るこの住宅地開発は、小規模ではあったが、当時、公的住宅の計画や建設に携わる人びとに与えた意味は大変大きく衝撃的なものだった。

既存のまちから厳しく屹立・分化する空間をつくりだす再開発と異なり、この木場公園三好住宅は「そこへ行く」という目的を持って訪ねない限り、うっかりすると通り過ぎてしまいそうな佇まいで、静かに建っている。ウィークデーの午後のことでもあり、中庭や広場に出ている人は見られないが、細めに開けられている窓や揺れるカーテンなどが、人の「けはい」を感じさせ、心地よい緊張感と安心感を抱かせてくれる。

いつのまにか既存のまちに抜けることのできる路地空間、剪定が行き届いた大木、きれいに掃除の行き届いた共用空間、ちょっと立ち話や連絡のできる空間の存在、玄関廻りや中庭のスケールなどすべてが、設計・開発に携わった人たちの、

緑の木々が住宅地とまちをつなぐ（09.06.24）

この地区をいかに周辺のまちに「なじませ」、「居心地のよいまち」をつくるかに苦心したかを伝えてくれる。

成長した木々の緑の濃さは、建設・入居からの30年近い歳月を表現し、その間にこの「居心地のよさ」が周辺のまちにも波及し、このあたりのまち全体が、低層を主体とする緑の多い気持ちの良いまちとして形成されていることに気づく。

それは結局、時代が変わってもありのままの生活を毎日継続することのできる心地よさであり、巨大規模でない「ヒューマンスケール」のまちをつくる大切さがここにあるといえよう。

（2009年7月）

人の「けはい」を感じさせる外部空間（09.06.24）

穏やかに既存のまちにつながる路地（09.06.24）

木場公園三好住宅：三好 3-1
[map:p82 ⑥]

まちに住む 7

集まって住むかたち——江戸の長屋に出会いながら

深川江戸資料館付近（08.02.16）

開発真っ只中の新しいまち・豊洲の超高層アパートから始めて、「時間」を順番にさかのぼりながら、江東の住まいという「空間」の中を旅してきた。旅の最後には、思い切って江戸のまちに行ってみよう。

清澄通りを東に折れて資料館通りに入ると、レトロな雰囲気のまちがひろがっている。深川めし、駄菓子、佃煮、漬物等々、おいしそうなものを売る店が賑やかに並び、おもちゃや着物の店、大きなお寺もある。のぼりがはためいて雰囲気を盛り上げている。公衆トイレまでおしゃれだ。

通りをさらに東へ進むと、左手にかつての深川区役所のあとに建った深川江戸資料館がある。やや暗めの入り口が江戸のまちへの入り口だ。深川佐賀町をモデルに、天保年間末期（１８４０年頃）を想定した江戸のまちがある。集合住宅の原点、江戸の長屋もここにある。

展示解説書では、江戸の人口の約7割が長屋住まいだったという。世界一の人口を持つ百万都市江戸を支えた人びとの住まいの多くは、幅1間程度の路地の両側に面して建てられた狭小な「裏長屋」であり、井戸と便所をコアにしてひとまとまりが構成されていた。平面図だけみると、この路地を棟として屋根をかけると、そのまま中廊下形式の集合住宅の平面図になるだろう。

長屋で暮らす人びとの人情話は、小説やテレビドラマに多いが、資料館の展示も長屋のコミュニティの濃密さを示唆している。人と人とのつながりの濃さは、あるときは頼もしく、あるときはうっとうしくも感じる。都市の生活からそうしたつながりが少なくなって久しいが、少子・高齢社会が本格化している現在、あ

1840年頃を想定した
江戸の町並み
（08.02.16）

らためてその果たす役割にも注目しなければならない。だからこそ、資料館が「集まって住むかたち」を、たとえレプリカであっても、残している意義ははかりしれない。区内に残るその後の時代に建った集合住宅の現物とイメージを重ねると、「集合住宅フィールドミュージアム」ができあがる。

江東区は、江戸の昔から一貫して、東京そのものの存在を支える人びとが住まいを構えた場所だった。それぞれの時間にふさわしい空間を模索して、「集まって住むかたち」が造られた。江東区のまちを歩く楽しさのひとつは、この、それぞれの時代を代表する、人間が「集まって住むかたち」に出会えることだろう。それは、人間の「知恵と心」に出会えることでもある。高度経済成長の時代に、まちはたくさんの大切な「時間の遺産である空間」を失った。時代の波の中でわずかに残されたものを大切にしながら、「時間の見えるまち」をめざして、まちづくりを考えたい。

（2008年3月）

三味線の師匠・於し津さんの住まい
（08.02.16）

船宿の船頭・松次郎の住まい
（08.02.16）

深川江戸資料館：
白河 1-3　☎ 3630-8625
[map:p82 ⑦]

水辺のまち 1

さくら、さくら…

さくら満開！（09.03.28）

せっかくの4月だから、桜の花から始めたい。『江東区桜マップ』を開いてみると、びっくり！　区の中は桜だらけのように見える。どうしてこんなに桜が多いのか？……「水辺と緑の課」の清田さんによると、「江東区は震災、戦災、洪水など大災害によって大きな木がなく、お花見の場所さえない。これではいけないと、樹木の配布、植樹祭などをやりながら緑を増やす努力をしてきた。1979（昭和54）年、南砂緑道公園に桜並木を設け、大島緑道、亀戸緑道など、線状に並木が連なるように整備し、親水公園や、運河に沿った遊歩道にも河川並木を作った。以来30年、ようやく桜の名所らしくなり、お花見やお祭りの場所になってきた」とのことだった。剪定や寒肥やり、虫駆除など、区が独自に行う手入れとともに、地元との協力体制も構築しながら続けている。

「緑道の老舗」である南砂緑道から仙台堀川公園のルートを辿ってみる。お花見客もそれを目当てのお店もたくさん出ていて、肌寒い夕方とは思えないほどの賑わいをみせている。近所の仲良しグループ、会社の仲間、町内会、親子連れ、恋人連れ、夫婦連れ、ペット連れなどあらゆる組み合わせの人たちが思い思いに花を楽しんでいる。カメラで桜のアップを撮るのに夢中の人もいる。ごみもあまり目立たない。行事や美しい風景を末永く楽しむためには花見客のマナーも欠かせない要件だ。

桜は、美しさ、潔さ、激しさ、妖しさなど、喜怒哀楽さまざまな思いの象徴として日本人の心の中に特別な花として存在してきた。江東区の桜は、さらに、まちの骨格をつくり、花見やお祭りの場を用意し、それを楽しみ、維持・管理

花見で賑わう
南砂緑道公園
（09.03.28）

することによってコミュニティの意義や意味を維持・再生・発展させていくというハードとソフト両面の意味、区全体を象徴する意味などを併せ持つ大事な宝物である。美しい宝物も、それを消費するだけではすぐ失われてしまう。絶えず働きかけ、手入れし、新しい意味を発見していく住み手の努力が永続を支える「極意」であろう。

（２００９年４月）

仙台堀川公園（09.03.28）

南砂緑道公園：南砂２［map:p82 ⑧］
仙台堀川公園：南砂１［map:p82 ⑨］

水辺のまち②

「水」のもたらすもの

黒船橋より見た
大横川の「花筏」
(09.04.12)

桜も終わり、ピンク色だったまちも今は緑色に染まっている。日曜日の人出で賑わう黒船橋を渡りながら大横川の水面をみると、桜の花びらがゆっくりと流れていく。ひとかたまりになった花びらが水面を流れる様子を「花筏《はないかだ》」という美しい表現をするのだそうだ。

江東区の「水」もまた、まちの構造をつくる大事な要素だ。まちの地図をひろげれば、区内を縦横に走るたくさんの川や運河が、小島の点在する低湿地から川と共に成長して現在に至った400年の歴史を雄弁に物語っている。

家康の入府とともに開発が始められ、舟運によって都市の生活を支え、産業を発展させてきた川は、このまちで暮らす子どもたちにとっては、「大事な遊び友だち」でもあった。

「裏が川でしたからねえ、子どもんときに、しも（ヒモ）でしばられて、廊下から川へ、放り込まれるようにして、（泳ぎを）覚えたんです」、「水上署が『泳いじゃいけない』って、たまにくるんだよ。そんで着物持っていっちゃうんだ。夏休み終わって学校へ行くと、ちゃんと先生の机の上にのっけてあるの」、「小名木川、こんなに広くなかったんだよ。6年生ぐらいになると、わんぱくだったら、こっち側から向こう側に石が投げられた。この川はね、紀長さんのもう少し先の所に、あっちこっち階段があってね、川へ降りられたんだ。船から物を上げる関係でね」、「水産大学っていうのが今あるでしょ、ここの前を通ってね、そいで、海に出ちゃうの。そこの海で泳いで遊んで、そいで、そこでもってアサリを採ったり……面白かったね、この時分は。まったく、思い出してもなつかしいよ」

「水と緑の散歩道」。大横川の巴橋周辺（09.04.23）

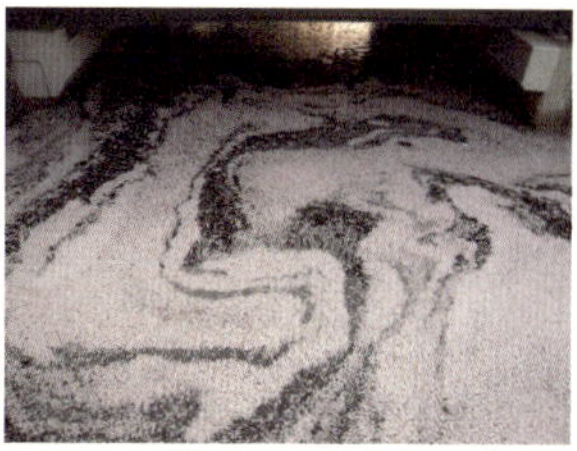

水面を埋める「花筏」（09.04.10）
（撮影：松本敏勝）

などなど、古老たちの話は、子ども時代の暮らしの中の楽しい思い出が、川や水と分かちがたく結びついている。筏を上手に操る女の子もいたとか（『江東ふるさと文庫④古老が語る江東区の町並みと人々の暮らし（上）』から）。

時間《とき》の流れの中で、多くの水面が埋め立てられ、産業も生活も子どもたちの遊びも変わった。それでも水は、人びとの生活に安らぎや楽しみをもたらすばかりでなく、まちの景観の主要な要素であり続け、岸辺にあるまちを映し、同時にまちを眺める絶好のポイントを提供し、江東区を「水辺のまち」として特徴づけている。私たちはこれから先、水とまちとの新しい関係をどのように結べるだろうか。

（2009年5月）

「水の軸線」大横川。
前川製作所（牡丹町）からの眺め（09.04.23）

大横川巴橋：富岡１～牡丹２
[map:p82 ⑩]

水辺のまち ③

「水」のもたらすもの——続き

1956（昭和 31）年 9 月の台風 15 号による大島 3 丁目周辺の被害（出典：『江東古写真館』）

「水」は、江東区の暮らしの中で、親しい友人であり、交通、産業、子どもの遊びなど、いずれにとっても欠くべからざるものであり、まちの景観をつくり、まちの構造そのものでもあることを前回に書いた。「水」についてもう少し書き足しておきたい。

もともと浅瀬や海を埋め立てて築造された部分が多い江東区は、昭和の工業地帯としての発展とともに地盤沈下によって、隅田川、荒川、東京湾に囲まれた区の大半が海抜ゼロメートル以下となっている。そのため、堤防や水門、下水道、親水公園などの整備によって、水害の発生を防いできたが、整備の歴史の中では、台風などによる数々の被害も記録されている。

江東区を歩いて、ちょっと変わったモニュメント・水準標に注目してみよう。柱に記された過去の大水害の記録は、私たちの暮らしがいかに低地帯で営まれているかを改めて認識させてくれる。

水準標は、1958（昭和33）年、区内の公園、小中学校等に20カ所設置されたが、老朽化したため92（平成4）年よりデザインを一新、現在14基が新設され、旧タイプ4基も含めて18基が区内に設置されているそうだ。区役所前には、一般的水準標のほかに、都が設置した荒川の水位をリアルタイムで表示する水準標もある。

公園や学校の片隅に置かれた水準標は必ずしも「優遇」されているとは思えない。行き交う人びとや公園で遊ぶ子どもにとっては、ほとんど、気にならない存在だろう。学校の授業に使われたりしていないのだろうか。

扇橋公園内の水準標（09.05.23）

深川公園内の水準標（09.04.12）

江東区役所前の水準標（09.05.23）

デザインされた柱の下側は、かなり汚れたり、傷をつけられたりしているものもある。しかし、江東区で暮らす人びとにとって水準標は、過去の水との戦いの歴史の輝かしい記念碑でもあり、「いざ」というとき、自らの生命を守る助けともなる大切な表示なのである。

「水」は、私たちにとって、親しい友人であり、暮らしに潤いをもたらす都市の大切な資源でもあるが、その裏に、ひとたび敵対すると、大災害をもたらす危険な存在という面ももっている。こうしたことも認識しながら、「水」とのよい関係をつくっていきたいものである。

（2009年6月）

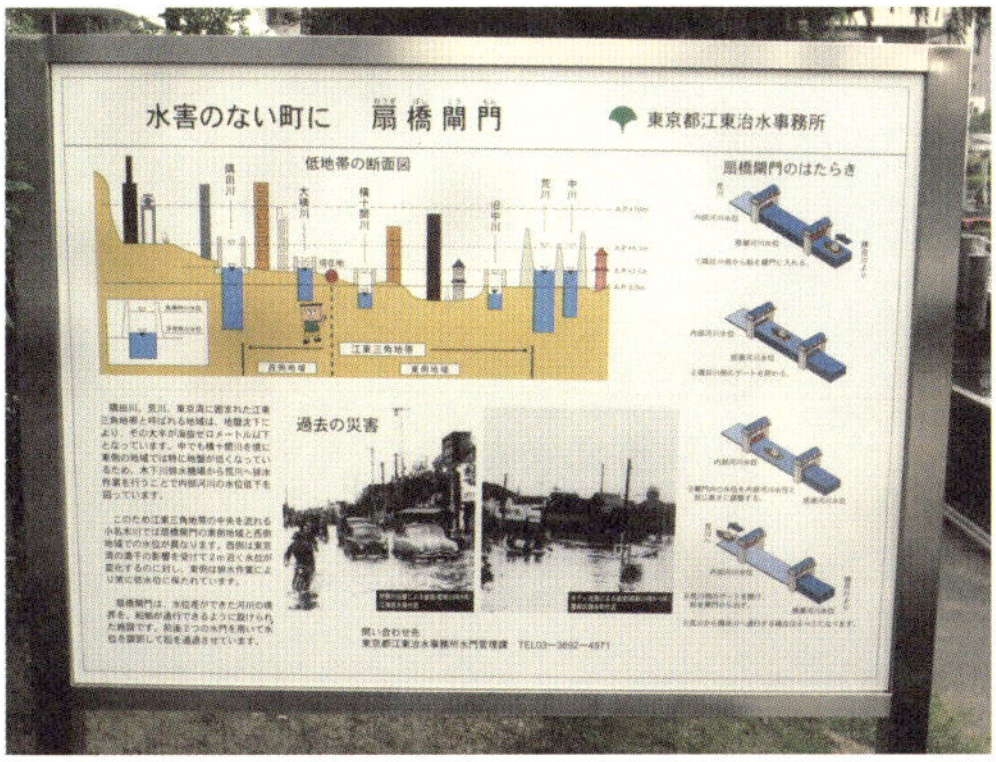

扇橋閘門の説明板
（09.05.23）

扇橋閘門
（09.05.23）

区役所前の水準標：東陽 4-11 ［map:p82 ⑪］
深川公園内の水準標：富岡 1-14
扇橋公園内の水準標：石島 18-23

まちはこんなに面白い 1

明治丸の歳月

東京海洋大学の構内に係留されている明治丸（09.07.20）

「海の日」に開催された「第8回明治丸シンポジウム」に出かけた。このシンポジウムは2002年（平成14）に始まり、明治丸を中心に関連都市の文化や産業まで視野を広げて開催されている。第6回のときには私もパネリストの仲間入りをさせていただいた。今年は修理工事中で明治丸の内部は見学できない。

東京商船大学発行の資料によると、明治丸は1874（明治7）年、イギリスのグラスゴーのネピア（Robert Napier&Sons）造船所で建造された。灯台巡回船として明治政府が発注したものである。当時としては最優秀船であったため、明治天皇ご乗船、小笠原諸島の領有問題に際しての調査に活躍など、さまざまな経験を重ねながら、1887年以降は本来の灯台巡回船としての活動を行い、1897年に東京高等商船学校に移管され係留練習船となった。米軍の接収、沈座と浮揚などの事件もあったが、1964年には係留池埋立、陸上固定して現在に至っている。

東京高等商船学校は、東京商船大学となり、現在は東京海洋大学となった。明治丸は110年を超えて、江東区と歴史をともにしてきたわけである。親子2代にわたって東京海洋大学に勤務される同大名誉教授の庄司和民先生によると、高等商船学校に入学した学生時代は、故郷をはなれ、時間に縛られるきびしい寮生活だった。その中で、土曜日の午後と日曜日に外出が許され、門前仲町の「浅野」で畳の上でごろ寝、運動の時間に、正規ルートを外れ、「不動さん」や「八幡様」などで休憩をとる、お台場に行くときは、お弁当やお菓子を「ひょうたん」に頼んでおいて、中の島公園まで持ってきてもらって積込む、など楽しみはまちとともにあった。

「岡満津の甘菓子」、「山岡のとんかつ」、「飯塚の小判焼」、「南光軒の中華そば」等々、たべざかりの学生たちのお腹を満足させるのもまちの役割だった。クラスごとに「クラブ」と称してたむろできる店が決まっていたとのこと。そういうまちと学生（大学）の関係があってこそ、1923年の関東大震災や45年の東京大空襲の時には、明治丸は避難所として、また消火活動の拠点として、多くの貴重な命を助けることができたのである。

時は移り、明治丸の見つめるまちは中身も含め変化した。78年、文部科学省から重要文化財の指定を受け、2009年経済産業省から近代化産業遺産の認定を受けた。保存や修復工事も少しずつ進められている。まちを見つめ続ける明治丸の今後に期待したい。

（2009年8月）

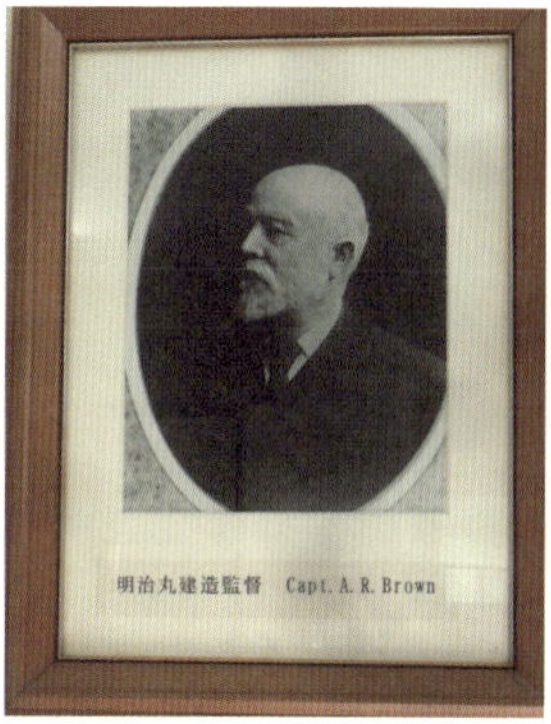

明治丸の建造監督：A.R. ブラウン（09.07.20）

3 本マスト・補助帆付き汽船（07.09.19）

東京海洋大学正門。明治丸は構内に係留されている（07.09.19）

東京海洋大学 明治丸海事ミュージアム：
越中島 2-1　☎ 5245-7360
[map:p82 ⑫]

まちはこんなに面白い②

歴史的建物の新しい命――深川東京モダン館の誕生

丸窓と連窓のモダンな外観（09.08.12）

２００９年10月10日、門前仲町にまたひとつ、「名所」が誕生する。「深川東京モダン館」のオープンである。06年まで「第三あすなろ福祉作業所」だった建物を改修し、江東区の魅力をアッピールする観光拠点、文化発信拠点として整備、人びとの利用を待っている。

一見地味で小規模なこの建物は、現在に至るまで10を超える名称変化という運命をたどり、まさに江東区の歴史の証人として存在する大切なものであるが、新しい機能をもって再びまちの人びとの身近な存在となった。

そもそもこの建物は、23年の関東大震災で大被害を被った震災復興計画の中の東京市内17カ所の食堂建設の一環として、31年に設計・着工され、翌年に竣工した。36年には閉鎖、翌年には廃止ということにもなったが、38年には深川栄養食配給所という機能をもって再開された。第２次世界大戦中の43年に東京府から東京都へ変わったことを受けて、名称は「都民食堂」と変わり、戦時中の食事提供の場となったが、45年３月の東京大空襲の火災で被災、その機能をなくしている。被災記録は「深川地区は一夜で焼失、焦土化した」と証言している。

戦後復興期、再びこの建物は修復を施され、東京都職業斡旋機関としての「亀戸公共職業安定所深川分室＊」という名で機能を再開したが、57年には「東京都内職公共職業補導所＊」と名称変更し、その後も行政区や所管の変更などの波の中で、「東京都江東区内職公共職業補導所＊」、「江東区内職補導所＊」という形で時代の要請に応え続けた。

まち歩きの参考にもなる江東区の魅力を展示している（09.10.10）

1階。カウンターにはコーディネーターが常駐（09.06.09）

89年には「若竹福祉作業所」、その後「あすなろ福祉作業所」を経て、97年には「第三あすなろ福祉作業所**」となり、地域福祉の拠点としての活動を継続してきた。食堂、職業安定所、福祉作業所と、時代の要請に応えながらの75年の役割は2006年で閉じられたが、いま、新しい時代に応える役割を持って不死鳥のようによみがえっている。

路地のつきあたりにくっきりと見える6つの丸窓、大きな連窓、モザイクタイルの美しい階段など、「モダン」の香りがただよう空間の中で、館のコーディネータとなった井村さんは、いま、開館準備に大忙し。江東区に生まれ育ち、この建物をこよなく愛おしみ、「全国に向けて、区のすばらしさを伝えていきたい」とはりきっている。

（2009年9月）

2階はイベント会場としても使われる（09.10.10）

初代コーディネーター井村さん（右）とパートナー（09.08.12）

＊　東京都事業概要（1967 年版）
＊＊ 江東区年表

深川東京モダン館：
門前仲町 1-19　☎ 5639-1776
［map:p82 ⑬］

まちはこんなに面白い❸

交流！共創！快適！老舗企業の新社屋が教えてくれるもの

1947年ごろの社屋（提供：松本敏勝）

門前仲町の駅の東側、大横川にかかる巴橋にさしかかると、左側に見えてくるガラスのオフィスビルをご存じだろうか。２００８年に竣工した（株）前川製作所の新社屋である。同社グループ（株）前川設計の松本敏勝氏にお話を伺った。

前川製作所は、１９２４（大正13）年、まちの「氷屋」として、この地に創業した。氷を売る企業から、氷をつくる企業へ、氷をつくる機械を売る企業へ、やがて氷をつくる機械をつくる企業へと、時代の流れと技術の進展を見据えながら成長し、いまや世界に工場を持つ一流の産業用冷凍機メーカーとなった。門前仲町をホームタウンとし、創業以来一貫して、地域に根差し、地域のものつくりの伝統や、オフィス内はもちろん、地域とのコミュニケーションを大切にしてきた。成長の秘密もそこにありそうだ。

創業80周年にあたって、社内でプロジェクトチームを立ち上げ、老朽化してきた社屋の建て替えにあたった。チームは、企業理念を生かした新社屋の設計に取り組み、大横川の遊歩道の桜並木に面する立地を最大限に生かし、遊歩道とまち、川とまちをつなげる工夫を設計の基本とした。公開空地は、遊歩道からまちにぬける、往来自由な、人びとの集う場にも利用できる透明性の高い美しい空間となり、オフィス内には川に面して、会議やコミュニケーションのゾーンを設けた。地域の人びとに貸し出すことのできる会議室やホールも設けられ、地域への貢献が実体化された。

「川」は、そもそも地域や人びと、製品などを「つなぐ」という機能を持っていたはずである。この機能をはっきりと意識し、正面から向き合い、その特徴

新装なった社屋（08.04.04）
（撮影：松本敏勝）

を生かした新社屋を建設することに踏み切ったプロジェクトチームの努力は、コミュニティづくりにおける建築の役割を示す好例として結実し、今後も長く他の建築のお手本となることだろう。

（２００９年10月）

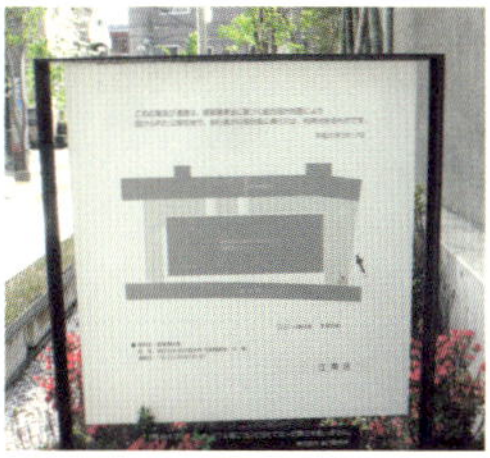

公開空地を示す案内板
（09.04.23）

川と社屋とまちをつなぐ公開空地（09.09.26）
（撮影：松本敏勝）

建物内から公開空地をのぞむ（09.04.23）

前川製作所：牡丹３-14
[map:p82 14]

まちはこんなに面白い④

ふれあいの春秋——砂町銀座のにぎわい

賑わう店頭。品物が行き交い、笑顔が交差する（09.10.31）

全国の商店街が軒並み下降傾向を示す潮流に反して、１９７６（昭和51）年から続いている「バカ値市」（毎月10日）には5万人を越す人出があるという「砂町銀座」。その秘密を知ろうと、商店街振興組合の事務長・小林さんと副理事長・沼田さんにお話を伺った。

砂町銀座の歴史は古い。まだ江東区が「郡部」だったころ、30（昭和5）年「砂町平和会」という会員28名の小規模な商店会があり、32（昭和7）年、その新年会で市会議員・宇田川氏が「日本の銀座に負けない商店街になろう」と励ましたことから「砂町銀座」が発足した、と書くのは簡単だが、当時の苦労は大変だった。第2次世界大戦後の焼野原から復興に立ち上がり、あちこち散らばっていた商店を集めて、歴代商店会理事長たちの努力が実り、初め西側半分だった店はやがて田圃だった東側にも延び、58（昭和33）年、砂町銀座商店街振興組合として法人登録、その後も街路灯や防犯カメラの整備など、「安心・安全な商店街」として全国に知られるようになり、いまでは、１８０店舗、６７０メートルの商店街になっている。

商店街の発展の理由とウリはなんだろうか——核となる店が東西どちら側にもあり、独自の哲学をもった売り方をしている。お惣菜があるので、毎日必ず来る人があり、それぞれの店で独自の味がありファンがいる——生鮮食品を売る店が多く顧客ニーズにあわせてバラエティに富んだものがある——道路幅の狭さも客のスケールにあって客とふれあいができる——季節ごとの特徴ある行事を実施している——マスメディアを味方にして全国に知られている——などなど。80年

美味しそうな匂いがする揚げ物屋さん（09.10.22）

砂町銀座入り口（09.10.14）

の歴史は、「伊達に年月を積み重ねたのではない」。

24時間営業のスーパーや無人のスタンド形式が全国に広まり、だれに気兼ねすることもなく、口をきく必要もなく、好きな時に、そのとき入用なものを手に入れることができる生活は、都市の生活者にとっては便利この上ないものであることは確かである。しかし、砂町銀座を歩くと、そんな便利さよりもどれだけ大切なものがほかにあるかにも気づく。作りたてのお惣菜の湯気の中の温かいふれあい、声を掛け合っての売り買い、自転車の整列に気遣う商店主たちなどなど、今後の少子高齢社会を支えるコミュニティの秘密が決して特殊なものではなく、日常の細やかな心づかいにあることがわかるのである。

（2009年11月）

「あさり」の引き売り（09.10.22）

小林事務長（左）と沼田副理事長（右）
（09.10.22）

砂町銀座：北砂３～北砂５
[map:p82 ⑮]

まちはこんなに面白い 5

江東区とレンガ造 レンガの記憶

紀長伸銅所工場のレンガの壁面（1998 年頃）

クリスマスが近づいた。今年の年末の雰囲気を、乗り合わせたタクシーの運転手さんは「今年はまちに飾りつけがあまり見えない、サンタクロースも来にくいね」という。サンタクロースの入り口といえばレンガ造の「煙突と暖炉」だが、まだどこかにあるだろうか。レンガは建築の大事な素材のひとつだが、まちの中には、化粧材や被覆材以外のレンガは見られなくなってきた。

『建築大辞典（彰国社）』によると、日本におけるレンガ製造の始まりは反射炉に使用する耐火レンガで、1850年の佐賀藩反射炉築造のときだそうだ。建築用レンガはそれより遅れて1857年長崎製鉄所に使用されたものが最初だという。明治以降、外国人建築家によって建築の構造体として使用されるようにもなったレンガは、西洋の香り豊かな材料として辰野金吾など日本人建築家にも使われるようになった。しかし、1923年の関東大震災によって、地震に対しての脆弱性が明らかになり、翌年の市街地建築物法施行規則の改正によって構造体としての使用が禁止され、レンガは被覆材、化粧材としてのみ生きる道を辿ったということらしい。

江東区にもレンガ造の美しい工場が、小名木川沿いにいくつかあったという。なかでも2002年に取り壊しが始まった紀長伸銅所のレンガはすばらしかった。工場だからこそ架けられる大屋根の下の大壁面や、そこに開けられたアーチ形の窓まわりが、レンガの持つ素材の美しさとそれを組み上げる人間の手技を、私たちに惜しげもなく示していた。取り壊されたレンガの一部は、いま、跡地に建つマンション群の中にかろうじて保存されている。

三好町に住む三代続いたレンガ職人の鬼頭日出男さんは、ご自宅にレンガに関する貴重な資料を収集し、「鬼頭甓甎《へきせん》文庫」を運営、「ブリックワーク・ナビゲーター」と名刺に刷り込み、「世の中の文献には怪しいものが多くて、困ったものだと」と憤慨しながら、レンガの技術を伝えようとがんばっている。

重く固い材料であるにもかかわらず、レンガは私たちに木と同じようなぬくもりやあたたかみを感じさせてくれる。それは、そもそも素材が、「土」という自然の材料であるということにも由来するだろうが、小さなピースの一つひとつが協力し合って全体を構成し、力を発揮しているという人間社会のあるべき姿を象徴しているように見えるからかもしれない。

（２００９年12月）

紀長伸銅所工場は高層住宅に建て替わった（09.11.25）

レンガの研究を続けている
鬼頭日出雄さん（09.08.09）

紀長伸銅所工場跡：白河 2-22
[map:map:p82 16]

まちはこんなに面白い 6

庭園で大人の時間を——清澄庭園の冬の楽しみ

冬の庭園を楽しむおしゃれ（09.12.15）

曇り空の中からようやく太陽が覗いたのをねらって、冬の清澄庭園を訪ねた。清澄庭園は、江東区の西の端、隅田川の近くに位置し、東京都立9庭園のひとつである。1979年には東京都の名勝に指定され、江東区民、都民ばかりでなく、ミシュラン社の『ミシュラン・ヴォワイヤジュ・ブティック・ジャポン（2007）』に記述されるなど、全国どころか全世界に知られる名園となっている。庭園の歴史は古い。隣接する仙台堀川は水運を利用しての物資の流通と深川の発展に大きな役割を果たしていたから、清澄庭園が江戸の豪商、紀伊國屋文左衛門の別邸であったという説もうなずける話である。庭園パンフレットでは、その後を「享保年間（1716〜36）に下総国、関宿の城主・久世大和守の下屋敷となり庭園のもとが形造られた」と記述している。

本格的造園は、1878（明治11）年、岩崎彌太郎が社員の慰安や貴賓を招待する場所として整備を始め、泉水、築山、全国の名石の配置など、弟・彌之助、その息子・久彌と三代の岩崎家に引き継がれながら、「回遊式林泉庭園」として完成した。関東大震災の折には、避難所として多くの人の命を助け、その後東京市に寄付され、1932（昭和7）年から公開されている。

大泉水を見ながら園内を一周すると、たくさんの人に出会う。水鳥を狙うカメラマン、これまで見た庭園についての感想を話し合う女性3人組、水彩画を描く男性、鯉の餌やりを楽しむ外国人男性3人、太極拳をする女性と見守るパートナー、ハトに餌をやる母子、地図を覗きなにやら話し合っている2人連れ、鯉に餌を投げ、「ぐずぐずしないで、早く食べないとまた食べられないよ！」と

水鳥が舞う大泉水と涼亭（09.12.15）

松の剪定作業（09.12.15）

のろまな鯉を励ます女性など。

1909（明治42）年、岩崎家が英国からの国賓を迎えるために建てたという涼亭近くまで来ると、2組の花嫁花婿に出会った。どちらも傘型の反射板や大型カメラを持ったお供を連れ、記念撮影中。凛として引きしまった冬の空気が心地よく、庭園の木々も雪吊りが完成し、松を剪定する職人さんの2人連れが脚立を立て、ヘルメット姿も粋にていねいな作業を展開していた。公園は人びとの出会いの場、市民の庭、応接間や居間であるとともに大災害の時には頼りになる大切な場所でもある。

お正月には、2日から獅子舞、冬牡丹の展示などさまざまな催しがある。お客様を迎える準備はすっかり整っているようだ。カメラを構えるとどうしようもなくフレームに入ってしまう庭園の外側に建つ高層ビルにはしばし目をつぶって、冬の庭園の清楚な空間を楽しみたい。お正月は、庭園に出かけて大人の時間を過ごそう！

（2010年1月）

水鳥たちにも憩いの場だ
（09.12.15）

園外の建物には目をつぶろう
（09.12.15）

清澄庭園：
清澄 3-3
☎ 3641-5892
[map:p82 ⑰]

まちへのまなざし

母から娘へ、娘からその娘へ――まちを見つめ続けて

ひとめで「親子」とわかる高木さん母娘（10.01.23）

「旧東京市営店舗向住宅」は1928（昭和3）年、関東大震災の復興計画の一環として東京市により建設された。築80年以上を経たこの店舗つき住宅は、第2次大戦後払い下げられ、個別に屋上や清澄庭園側への増築など、歳月を重ねながら、いまだに現役の商店街として仕事をしている。

「く」の字型に曲がった中央部にいくつかの「歯抜け」住戸も出てはいるし、シャッターが下りたままの店もある一方、比較的最近開設された画廊やレストランなどもある。ちゃんと新陳代謝もしていると見える。壁面のディテールに刻まれた文様、間口と2階の軒線がそろっていることなどが、この建築の「由緒正しさ」と「風格」を伝えている。いまや震災後の都市住宅のあり方や、戦災の恐ろしさを伝える数少ない建物のひとつになった。

北の端に近いお茶屋さん、「よしの園」を訪ねた。「いらっしゃいませ」と出てきたのは、6、7歳の少女である。続いて奥から若い女性が出てきた。少女のお母さんである。そして自転車で、よしの園の女主人、高木さんが帰ってきた。母、娘、孫娘がそろった。

高木さんの生まれは大森だった。戦争中は疎開したりしたが、47（昭和22）年、今の家の3軒南側へ引っ越してきた。7歳のときだそうだ。母親が2階で踊りの師匠をやり、祖母が1階で小間物屋を営んだ。祖母を手伝いながら、お花、お茶、編み物、和裁、その他稽古事ならほとんどやった。楽しかった。嫁ぎ先となった今の家、よしの園は、もとは人形町にあった。戦災を受けここに越してきた。当主は義太夫の師匠で、夫人がお茶屋さんをやっていたという。高木

清澄庭園東側の縁に沿って並ぶ「旧東京市営店舗向住宅」（10.01.23）

よしの園：清澄３
[map:p82 18]

さんはその買い物を手伝ったりしているうちに、見初められて嫁ぐことになった（らしい）。

お茶屋を手伝い、歳月はまたたく間に過ぎた。義太夫の師匠だった舅、お茶を商売していた姑、義父と同じ道を進んだ夫、みな、今は亡き人となったが、家やまちの思い出とともに限りなく懐かしい。ここで生まれた娘は、結婚し、再び同じ家に孫娘を含む一家で住むことになった。スペースに不自由はないし、交通至便。清澄庭園側の小さな庭にはときどき蛇も出る――自然もちゃんとそろっているのだ。

「あそこには蔵があった、あそこの畳屋さんは平屋建てだった、都電の停留所が店の前にあり、呼び止めると待っていてくれた――あっという間に過ぎた60数年、いやな思いはひとつもしたことがない……」。高木さんの話には、まちへのやさしい思いがあふれている。

祖父母、父母、子ども、孫…と、何世代にもわたって同じものを見ることのできる機会に恵まれること、つまり、まちに時間の流れを体現する建物が残っていることは、今の日本、とりわけ東京ではまれな幸せだ。まちの歴史やその思想を空間的に知ることができるからだ。「旧東京市営店舗向住宅」は、そのまれな幸せを江東のまちにもたらしている。

（２０１０年２月）

まちへのまなざし②

まちの原点は「焼け野原」…

新居８階共用廊下からまちを見つめる内海さん
（10.02.19）

江東区は近代日本が被った二大災害を両方とも経験している。１９２３年の関東大震災と45年の東京大空襲である。自然災害と戦争という違いはあるが、どちらも江東区を含む下町一帯を焼きつくし都市災害史上最悪の例となった。被災後の焼け野原で人びとはどのようにまちを復興したのか——白河・三好地区市街地再開発組合の理事長を務められた内海三郎さんにご登場いただこう。

内海さんは関東大震災の翌年に、江東区元加賀町で生まれた。すでに登場していただいたレンガ研究者の鬼頭日出雄さんと同年輩だ。戦争にとられたり、復員してからも会社の長期出張に行ったり、空白期間はあったが、80数年を江東区で生活してきた。さすがに関東大震災そのものの思い出はないが、３歳のとき、震災の義捐金をもとに設立された「同潤会」のアパートに「罹災者優先」で入居した。

同潤会清砂通アパートでは、故・浅沼稲次郎も同じ10号棟に住み、アパートの運動会やお祭り、新年の行事などに気さくに参加していた。給水タンクの上に乗って演説の練習をしていたことも覚えている。内海さんが子どもの頃は、昼ごはんは浅沼家で一緒に「麦メシ」を食べたりもした。

「俺の人生は落語と写真だよ」という内海さんは、アパートの生活を中心に、膨大な数の写真を撮影し、いくつもの写真コンテストにも受賞や入賞を果たしている。昭和30年代の生活が偲べる貴重な写真だ。

「写真は４丁目の町会長さんだった三国屋さんに教わった。薬学を学んで現像液などに詳しかった。カルティエ・ブレッソンの名前も彼から聞いた。いつも『サ

内海家のリビングに飾ってある
内海さんの住まい今昔

昭和 30 年代の清砂通アパート
（撮影／内海三郎）

内海三郎さん（10.02.19）

ブちゃん、落語行こう』と寄席に誘ってもらった……焼け野原を歩いて、清洲橋を渡って、人形町の寄席まで通った……帰りにはお汁粉を食べて帰った……民放ができて、芸人はそれに取られ、寄席は廃れた……」

いま、内海さんは同じ場所に建設されたマンションの8階に住み、日々伸びていく「スカイツリー」を眺めている。「古いものを残せないのは仕方がねぇ。戦災でコンクリが古くなって危なくてかなわんから……」と前向きだ。「ここに住んで5年になるけど、隣近所で知らねぇ人もまだいるんだよ」ということだった。鬼頭さんは時々遊びに来て、2人で昔の遊びや友だちの話をしながら盛り上がるのだそうだ。すぐ「あの焼け野原でこうやって……」という話になる。「こういう話をできる相手ももう少なくなっているからねぇ」。

遊び場だった関東大震災後の焼け野原、復員して目の当たりにした焼け野原、仕事を探しに歩いた焼け野原、人形町の寄席に通う時の道筋だった焼け野原。「焼け野原」は内海さんの「まちの認識」の原点、心の中にいつまでも生きている。

（2010年3月）

清砂通アパート：
白河 3-4
[map:p82 4]

まちへのまなざし③

出発のとき――伊能忠敬

富岡八幡宮の境内に建つ伊能忠敬像（09.04.12）

江東のまちについて考えるとき、欠かせないのは江東区の地図だ。地図を眺めるのは無条件に楽しい。地名やかたちにそのときどきの苦労や工夫が透けて見える。本来「使う」ものであるはずの地図ではあるが、想像力を掻き立てられ、その世界にひきこまれてしまうことも多い。

渡辺一郎さん（伊能忠敬研究会名誉代表）の場合もそうだった。渡辺さんは40年ほど前、ＮＴＴに勤務されていた頃、郵政省から委託を受け、郵便局のオンライン化計画検討の責任者として全国ネットワークを構築する仕事に携わった。全国を相手にする仕事の先輩として辿りついたのが、伊能忠敬だった。彼が作成した地図に触れ、その「美しさ、正確さ」に感動した。「たった2本の足でここまでの地図を作ったのか！」という衝撃だった。「ただごとではない」、「その偉業が残っているならすべて見たい」と思ったが、そのリストさえない時代だった。研究する人も少なく、外国に散逸しているものも多かった。

一つひとつ、仕事の合間に調べていく渡辺さんの前に「伊能忠敬の世界」が広がっていった。１９９５年、フランスで伊能中図を発見し、伊能忠敬の生地佐原市にお願いして企画展実施、伊能忠敬研究会の設立と代表理事への就任、伊能家の人びとをはじめとするさまざまな出会い、江戸東京博物館での展覧会や伊能忠敬の歩いた道を辿るイベント「伊能ウォーク」の始まりなどなど。『四千万歩の男』の著者、井上ひさし氏も講演にお願いした。

２００９年4月には、伊能忠敬測量開始２１０年を記念して「完全復元伊能図全国巡回フロア展」が深川スポーツセンターで開催された。伊能忠敬が隠居

深川スポーツセンターで開催された「完全復元伊能図全国巡回フロア展」（09.04.12）

復元された伊能忠敬の地図に触れる人たち（09.04.12）

して江戸に出て天文学や暦学を学び、測量に出発したのは深川黒江町、いまの門前仲町富岡八幡宮近くの彼の住まいからだったのである。富岡八幡宮にある、未知の世界へ踏み出す伊能忠敬像も渡辺さんたちの尽力で建立されたものだ。

いま、渡辺さんは、忠敬が「緯度一分」の距離を知るため、懐中磁石をたよりに歩測したと考えられる黒江町から浅草の測量図の道筋に沿って、サンティアゴの巡礼の道のように目印を整備するのはどうか、と考えている。忠敬を偲び、その勇気に学ぶ道だ。江東区、台東区や墨田区などと連携して整備すれば、きっと世界有数の観光ルートになるだろう。それはきっと産業振興にもつながるにちがいない、というのが渡辺さんの構想である。

伊能忠敬関係資料は、この3月19日、文化審議会から国宝に指定するよう文部科学省に答申された。江東のまちに自分を位置づけ、江東のまちを自分のものにするために、私たちも江東の時空間に宝物を探しながら、まち歩きの旅に出発したい。

（2010年4月）

市が立つ富岡八幡宮の参道（09.04.12）

渡辺一郎さん（10.03.16）

富岡八幡宮：
富岡 1-20
[map:p82 ⑲]

扉を開ければ①

モダンアートの風

ギャラリーが入っている建物の入り口（10.04.08）

裏口ではないかと思われるようなドアを開けて、荷物用エレベーターの広さにすくみながらボタンを押し、開いたドアに誘われて「下車」してみると、別世界が広がっている。高い天井！　白い壁！　色鮮やかな絵画のきらめき！――世界にその名をとどろかせている小山登美夫ギャラリーがここにある。

小山さんがここに画廊を構えてはや5年、小山さんと江東区のご縁はどうなのだろうか――隅田川もまだ臭いがひどかったころ、小山さんは中央区人形町で育った。下町の鉄工所などが並ぶ江東区は、小山さんにとって、長い間川を隔てた存在だった。佐賀町の旧食糧倉庫に画廊を構えたのは、１９９６年、勤めていた画廊を辞めた後だった。先輩に紹介され、何度か見に行ったが、正直なところかなり迷った。「川を渡る」のはそれなりに勇気が必要だったのだ。しかし、賃料の安さは魅力だった。それに建物のデザインが面白い、先輩や画廊仲間が同じビルにいる、などが場所選択の理由となった。食糧倉庫で7年、建物の取り壊しによって立ち退くことになった。

中央区新川に倉庫をみつけ、仲間も一緒に移転したが、またもや立ち退くことになった。倉庫として借りていた場所を画廊にすることに決め、再び江東区に戻った。スペースは広かった。仲間の画廊も何軒も入れる、天井も高い、エレベーターも大きい。もちろん賃料も安い。気がつけばこれほど画廊に適した場所は考えられないほどだった。江東区以外でこうした「広いスペースを必要とする商売」の場所を探すのは大変だ。

画廊仲間もこのビルに集まって、ここはいま、「ギャラリーコンプレックス」

小山登美夫さん（10.04.08）

大野智史展　展示風景（2009 年　提供：小山登美夫ギャラリー）

を形成している。画廊が集まっていることはお客さんにとっては便利で親切だ。いろいろなアーティストの作品を見て回れる。海外のお客さんにとっては東京という大都市の中で、便利さに遜色ない立地である。東京都現代美術館が近いのも、ここの学芸員たちと情報交換がしやすい。

小さな画廊や出版社など、近隣に新しいものもだんだんと出てきた。地域の人たちが自分の家の周りに花や緑をいっぱいにしているのもうれしい。地域との連携を密にして地域の人たちが気軽にアートを楽しめるようになるといい。倉庫街の価値も画廊ができてくるとどんどん上がってきた、川もきれいになってきた、川沿いのまちなみはもっときれいになってよいはず、今のままではもったいない！　そのときには、小山登美夫ギャラリーは世界に肩を並べる展示をもっと展開できる——小山さんの構想は拡がる。

個性ある「産業」が集積し、「川沿いの倉庫群」は、世界のモダンアートとアーティストたちに出会える場所へと変身し、「伝統と未来を結ぶ」江東区の新しいイメージを代表する地域として成長し続けている。

（2010年5月）

＊2015年、小山登美夫ギャラリーは借りていた建物が建て替えのため取り壊されることになり、移転。その後についてはｐ98参照。

竹中工務店東京本店前庭と入口（10.04.13）

扉を開ければ②

ギャラリーは「近所づきあい」の場

東陽町の駅近くの新しいオフィスビル、入り口前に構えている守衛さんの前をちょっと遠慮しながら通り過ぎて中へ入ると、ロビーの右手に「ギャラリーA^4」が広がっている。竹中工務店東京本店の自社ギャラリーである。「エイ　クワッド」と読むのだそうだ。アーキテクチュア、アート、アプローチ、アトモスフェアの4つの頭文字Aから命名された。

竹中工務店の本社が銀座からここ江東区へ引っ越してきたのは2004年、ギャラリーは、「地域貢献のためのスペース」として、当初から設計に組み込まれていた。主任キュレーターとして活躍している岡部さんは、1級建築士として設計に携わっていたが、ギャラリーの運営スタッフが社内公募されたとき真っ先に手をあげ、以来ずっと担当している。社員6人で、ギャラリーのコンセプトづくりからスタートした。当初から、自社の宣伝はしない、少しでも多くの人に、暮らしや住まい、まちなみなどの身近な環境に目を向けてもらう展示をしようと企画を練っている。

現代アート、建築写真、大工道具、木を守る活動や里山など、環境も視野に入れた領域が展示企画の柱で、運営側のパワーの許す限り参加型の企画を増やし、まちづくりにも関心をもってもらおうと思っている。多彩なテーマを第一線のアーティストや科学者、実務家などが表現してきた。

館長を務める川北さんは、ご自身アーティストでもあり、このスーパージェネコンの設計部でプリンシパルアーキテクトのポジションを担う一級建築士だ。「建設会社は都市をつくるという任務があるのだから、まちとともに成長するこ

「5年間の活動を振り返って」と「ヒマラヤの学校建設その後（野口健からのメッセージ）」展を開催していた（10.04.13）

とを目指すべきである」のだそうだ。「建築がお茶の間の話題となり、市民の建築に対する目が肥えてくると、まちの中の建築のレベルも上がり、まちはきれいになってくる」という関係を大切にしている。

「ここに来て5年、世界を相手に仕事していても、隣の人と話をしていないのが現状。それをしないと、『仕事』は『わがこと』にならない。ギャラリーはそのためのスペースだ。江東区にはたくさんの企業がある、できればこのギャラリーのチャレンジを見ながら、それぞれの企業らしい市民社会との接点を見つけていってほしい、ひとつでは小さくても、全体としては大きな力となり、よい都市（まち）をつくることにつながるのだから」と川北さん。またひとつ、江東区から未来に向けて発信する文化がある。

（2010年6月）

館長・川北英さん（10.04.13）

主任キュレーター
岡部三知代さん（10.04.13）

ギャラリーエイクワッド：
新砂 1-1　☎ 6660-6011
[map:p82 ⑳]

扉を開ければ ❸

心を癒す「手仕事」の宝石箱

陶器作家の作品を展示していた（10.06.11）

清澄白河周辺に、最近、おしゃれなアートスペースが急増中なのではないか？——ずっと気になっていた疑問を確かめたくて、「ティールームギャラリー〈楽庵〉」へ行ってみることにした。お目当ての「楽庵」は、「よしの園」と同じ、旧東京市営店舗向住宅の中に入っている。

控え目に道路に出したメニュー看板をみながら扉を開けると、器とも動物とも見える陶器が並んだ展覧会中。清澄通りを大きなガラス越しに見る、宝石箱のようなアートスペースだ。ギャラリーの奥、中国茶を味わえる喫茶スペースは、ほどよい暗さが心地よい。「すぐ息子が来るから……」という女主人の言葉に「？・」と思う間もなく、2階から鍼灸師の齋藤友良さんが降りてきた。2階の鍼灸院とこのギャラリー楽庵は、親子共同で運営するスペースなのだった。

築地で鍼灸師として働いていた齋藤さんは、どうしても、古い建物を再利用して鍼灸院を作りたかった。「都心ではやっている大規模再開発とその跡にできるピカピカの大きなビルは、臓器移植に似ている。一方、古い建物を再生・再利用して新しいスペースを創り出すリノベーションは、東洋医学の鍼灸治療と似ている」のだそうだ——思わずうなってしまうほど適切でわかりやすい例えだ。どうしてもリノベーションした建物で鍼灸院を開きたかった齋藤さんは、1年半も探したが、その甲斐あってぴったりの場所がみつかったと思っている。オープンして6年になる。

鍼灸院を開くことは決めていたが、1階をどうするかはあまり考えていなかった。改装しているうちに、内装の下に隠れていた階段の跡がついた壁が出てきた。

鍼灸師の齋藤友良さん
（10.06.11）

清澄通りに面したギャラリー楽庵
（10.06.11）

ティールームギャラリー「楽庵」：
清澄 3-3　☎ 5621-4777
[map:p82 ㉑]

ぜひこれを活かしてもとの建物を喜ばそうということになり、「いろいろなことができる空間を」とのおぼろげな構想は、「若いアーティストたちの発表の場をつくろう、ギャラリーというものがあるらしい」と焦点を結んだ。

このギャラリーの守備範囲は「若い作家の」、「手仕事」である。お客さんたちも作家の顔が見える作品を喜ぶ。靴、万華鏡とその容れ物、和傘、トンボ玉などこれまでの展示は、伝統的手仕事に新しい光を当てている作家を扱っている。すでに来年の夏までのスケジュールはぎっしり埋まっている。

築地の鍼灸院時代からの患者さんたちは、引き続きここまで来てくれている。1階で展覧会を見ながらお茶を飲んでいるうちに、2階の鍼灸院にかかってみようか、というお客さんも出るし、2階の患者さんが、1階に降りてきてギャラリーを見たりお茶を飲んだりしてくつろいだり、という相乗効果もあると思っている。

深川にギャラリーが増えた。集まったほうがよいのは確かだが、それは偶然の賜物。渋っている作家でも、この空間をみて、「ここならやる！」といってくれることがうれしい。東京の東側という地域の魅力にずっと惹かれてきた齋藤さんは、この小さな空間で、人の輪をつなげながら「東京イーストエンドライフ」の魅力を演出し、ここでこそ自分を表現できると考えている、プロデューサーであり、鍼灸師であり、人間の精神と肉体が分かち難く結びついていることを実証するアーティストであるともいえよう。

（2010年7月）

扉を開ければ ④

まちにあふれ出るアーティストたちの情熱

歩道とほとんど段差のない
ギャラリーのフロア（10.06.11）

「無人島プロダクション」と「吾妻橋ダンスクロッシング」という2つの団体が共同経営する「ＳＮＡＣ」は、２０１０年4月16日に資料館通りにオープンした。ここもまた、清澄白河周辺に急増中のアートスペースのひとつだ。すでにいくつもの展覧会やイベントをエネルギッシュに展開している。

「無人島プロダクション」を率いる藤城里香さんは、ギャラリーで11年間働いた後、アーティストのマネージメントや、DVD、書籍等のリリース等を仕事とする会社を設立した。

高円寺に置いた拠点が手狭になって引っ越しを決めたとき、「吾妻橋ダンスクロッシング」の桜井圭介さんから「一緒にやらないか」と声をかけられた。「展示ばかりやるのでなく、もう少し違ったこともしたい」という思いが強くなっていた時で、桜井さんの誘いは「渡りに船」だった。

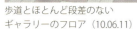

一方の桜井さんは、もともと演劇やダンスの批評家だ。ダンスの世界をもっと世の中に伝えていきたい、「論より証拠」で見せた方が早い、と、吾妻橋ダンスクロッシングを立ち上げた。アートから演劇までさまざまなジャンルの、実験的で先端的なパフォーマーをクロスさせたいと、場所を借りてパフォーマンスを展開してきたが、思い立った時にすぐ上演が可能な、自前の場所を構えたいと常に考えていた。

いま、２人とも違うジャンルがまじりあってこのスペースを運営することの「よい化学反応」を実感している。どちらも果敢に「実験をやっていこう」ということでは同じである。ここに来る人は催し物ごとに違うが、だんだんとこの「場

八木良太展「事象そのものへ」2010 会場
（撮影：Kei Miyajima
Courtesy of Mujin-to
Production,Tokyo）

所」のファンができつつあることもわかってきた。

いろいろなジャンルの表現とそこに集う客がクロスすることが効果を生み、「この辺に店を開きたい」と若い人が訪ねてきたりもする。この「ＳＮＡＣ」をきっかけにここで頑張る人が増えるとよいと思うし、昔からここに住んでいる人たちにももっと愛されたい。自主事業しかやらない「ＳＮＡＣ」だから、クオリティコントロールをして、「いつも面白い」、「なにか気になる」という場所にしていきたい……。

江東のまちのギャラリーを巡りながら見てきた「小山登美夫ギャラリー」も、「ギャラリーA[4]」も、「楽庵」も、そしてこの「ＳＮＡＣ」も、時代の最先端を行く技術やアートが、人の絆と伝統文化の豊かな土壌を持つこの地域と出会って花開いたスペースだ。扉を開ければ、あふれ出るアーティストたちの情熱が、人とまちの未来の幸せな関係を約束してくれる。

（２０１０年８月）

藤城里香さん
（10.06.11）

桜井圭介さん
（10.06.11）

控えめなサイン（10.06.11）

SNAC（スナック）：
三好 2-12
[map:p82 22]

緑のパワー①

屋上農園は収穫期！

中瀬家の「緑」はお隣にも波及している（10.08.20）

猛暑日が続き、地球は一体どうなっていくのだろうかと、楽天的な私でも少々心配になる最近の天候である。暑い、あつい、あ・つ・い、あつーい！というわけで、涼しさを求めて訪ねたのは、「海洋観光研究所」を主宰されるエコライフコンサルタントの中瀬勝義さんのご自宅である。

玄関前の藤の大木は、家の前面を這いあがり、屋上にまで届いている。圧倒されて見上げていると、「なにはともあれ、まずは屋上へ」というわけで、急な階段を上ると、そこでは、ゴーヤ、オクラ、ナス、ピーマン、ニラなど、たくさんの野菜が収穫期を迎えている！　トマトはまだ青いが、1週間程度で赤くなる……100を超えるプランターで、50種類を超す野菜が育っているのだ。

そもそも住宅が3階建てだから、この畑は地上10メートル程度の高さにある。かすんで見える超高層ビルに囲まれて、なんだか「天空」に浮かんだ絨毯の上にいるような気持ちになる。見事な緑の生育は、見た目にも涼しさを運んでいるが、実際室温も2、3度程度は下がっていると思われる。

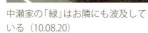

中瀬さんは、58歳の時、母親の介護を契機として会社を早期退職した。ヨーロッパの脱原発の動きに感化され、「このままではいけない」という気持、環境問題全般に対する関心が抑え難くなっていたからだ。なんといっても、石油エネルギーに依存した未来には、希望が持てなかったのだ。中瀬さんのエコライフの始まりである。区の「エコリーダー養成講座」に通い、「江東自転車エコライフの会」を立ち上げ、「屋上菜園エコライフ」に熱中する。

大学院での勉強、隅田川クリーンキャンペーン実行委員会、江東区の水辺に

中瀬勝義さん（10.08.20）

海洋観光研究所：
千田 13-10
[map:p82 23]

屋上農園（10.08.20）

屋上まで届く藤の大木（10.08.20）

親しむ会等々、次々に活動を展開した。いずれも、食糧の自給率を上げて、「持続可能な社会」を構築していくことにつながっている。2010年秋、名古屋で開催される「COP10」の準備にも忙しい。「生物多様性の保全」を掲げて世界の条約締結国が一堂に会する場を利用して、江東区の市民の取り組みを世界に発信しようとしているのだ。

埋立地開発によって発展してきた江東区は、江戸時代には人の育てた自然、農地の緑がたくさんあった。明治以降の国策、重化学工業の発展にともなって農地は減少を続け、関東大震災や第2次世界大戦の戦禍などで壊滅に近い打撃を受けた。

1970年代以降、環境時代の始まりによって少しずつ回復し、それを担う主体も行政主導から市民参加型へと変化している。この経緯と、緑の多様な形を市民や行政、企業、NPOなど多様な主体が連携して支える現在の試みが、都市の将来に向けて、ひとつの「モデル」となると中瀬さんは信じている。

見回せば、中瀬さんの家のお隣やお向かいに、壁面や屋上の緑化が徐々に広がっている。未来のまちの快適さは、住み手一人ひとりのささやかでも、たゆまぬ努力に支えられて見えてくるのである。

（2010年9月）

緑のパワー②

コミュニティの憩いの場を支えて

高い煙突と大きな屋根。どこから見てもお風呂屋さん（10.09.14）

自分の住まいに風呂を持たない家はもはやほとんどないだろうが、それでも明るく広いお風呂屋さんでの入浴は、1年を通じての贅沢な楽しみのひとつだ。江東区の銭湯は、統計データをみると1975（昭和50）年には90カ所あった。以来年々減り続けた銭湯は、2010年の9月の統計では31カ所になっている。約3分の1になったわけだ。1日平均の入浴人員は435人から110人ほどになった。こうした風呂屋事情の中で、「緑の中庭」を持つ「常盤湯」を訪ねて、山本安雄さんのお話を聞いた。

山本さんは「常盤湯」にとっては5代目のオーナーである。明治の初めからやっていたらしいお湯屋は、次々にオーナーを変えながら第2次世界大戦の空襲で丸焼けになり、1948（昭和23）年、山本さんが引き継いだ。はじめはバラックだったが、55（昭和30）年に本建築として建て直した。建築にも凝った。木場へ行って一本一本木材を買い、宮大工のひとりに工事を引き受けてもらった。格天井《ごうてんじょう》も番台も、「隅丸」の建具も、このこだわりから生まれたものだ。建築法規に沿って高所のガラスを網入りに変えたくらいで、あとは当時のまま、半世紀以上の歳月を経た今でもまったく痛んでいない。

「緑の中庭」を作ったのはその翌年である。群馬県の鬼石から運んだ石を据え、富士山からの熔岩を入れ、池を作った。池には小千谷の錦鯉が泳いでいる。池を作れば、島も作るし、灯篭も据える。マツ、モチ、シイ、ツバキ、モッコク、サツキなどの木をそろえ、ツタやシダも植えこんだ。庭の法則に従って、自然に背かぬように作っている。みんな自分で勉強した。「これを間違えると、災

男湯・女湯の両方から眺められる「富士山」(10.09.14)

難が起きる」のだそうだ。

お客さんたちは、この庭で湯上りの身体を休め、くつろいで過ごす。1日120人から130人のお客さんは、一人暮らしの人、特にお年寄りが多い。「昔はどの家にも子どもがたくさんいて、風呂屋は子どもの遊び場だった。どこの風呂屋にも客の中に世間のニュースをいち早くキャッチして伝える人が必ずいて、みんなそれを聞きにきた。あのころは懐かしいねぇ」と山本さんは述懐する。

お話を聞き終わって表へ出ると、常連さんたちが5、6人、楽しそうに石段に座り込んでおしゃべりしながら常盤湯の開くのを待っていた。江戸の昔から、健康と憩いの場として、子どもの遊び場として、情報センターとして、文化センターとして、少しずつ役割を変えながらもコミュニティにとって欠かせない施設である銭湯。それを支える「緑の中庭」もまた大切な江東区の緑のパワーのひとつである。

(2010年10月)

錦鯉も泳ぐ「緑の中庭」(10.09.14)

番台の山本安雄さん (10.09.14)

常盤湯：
常盤 2-3　☎ 3631-9649
[map:map:p82 24]

緑のパワー③

キーワードは「ネットワーク」！

水辺と一体になった緑（10.10.31）

中瀬さんの屋上庭園、常盤湯さんの中庭の緑、それぞれの丹精した「緑」を見てきて、「江東区の緑というのは、みんな、『人の手』でつくられている！」ということを今更のように実感した。

江戸初期からの埋め立てによって区域を拡大してきた江東区、震災や戦災後の焼土の中からまちをつくってきた江東区では、雑木林や森など、昔からのいわゆる「自然」のかわりに、人間の手と知恵によって江東区ならではの「緑」をつくり、内部河川や大きなオープンスペースと連携して風の道を確保し、自然の恵みを享受できるように工夫してきた。それをつくってきた「知恵」やこれからの「方針」などについて、区の「水辺と緑の課」に伺ってみることにした。

策定されたばかりの『江東区長期計画（平成22年度から31年度）』では、未来の江東区をつくるための取り組みの中で、「水辺と緑に彩られた魅力あるまちの形成」がトップに掲げられている。「水辺と一体になった緑」を活かし、「生き物の回復を図れる水と緑の空間をつくる」こと、それを「区民と事業者と行政がいっしょになって」推進することがうたわれている。まちづくりの基本が「水と緑」になっているのだ。江東区にとって「緑」は「水」と切り離せない関係にあり、水辺も緑のひとつということになる。

まちを歩くとき、緑はいったいどのように私たちの目に入ってくるのだろうか？まちの緑をあらわす指標には、「緑被率」、「緑視率」などがある。江東区の緑被率は２００５（平成17）年時点で16・7％、23区中11位に位置している。江東区の計画では、20年後に22％まで持っていきたいと考えている。そうなれば23

用水路を暗渠にした小道を緑化したやすらぎ通り（10.10.31）

壁面緑化している仙台堀川沿いの建物（98.01.22）

大小植木鉢が置かれた巽橋（98.01.22）

区でトップクラスになる。

「緑視率」という点からは目に触れる緑を量ることができるが、これも区内の１００カ所ほどの地点を選んで、定点観測をし、増やしていこうと努力している。「まちの中の緑」というより、「緑の中にまちがある」という風になると理想的だ。緑の量を増やすだけでなく、「つなげて」いくことによって、それを実現していきたい。キーワードは、「ネットワーク」なのだ。

地球環境にやさしく、人の心を和ませる「緑」は、「いいもの」であるのは間違いないが、これを維持・継続することはむずかしい。まちの住み手がそれぞれ緑の価値を認識すること、それには子どものころからの環境教育も大切だ。「ネットワーク」という言葉は、気軽に使われているおなじみの言葉だが、原点にもどれば「網《あみ》」であり、常に手入れをしないと使い物にならない。緑に囲まれたまちを実現し、その恩恵を享受するには、そこに住み、働くすべての人のメンテナンスのための不断の努力が必要なのである。

（２０１０年11月）

やすらぎ通り：
東砂 5-1
[map:p82 25]

緑のパワー④

未来の緑のまちをイメージして

アリオ北砂の広いアプローチの植樹（10.11.08）

北砂に、緑に覆われた大型商業施設ができたと聞いて出かけてみた。オープンしたのは2010年の6月だということなので、そろそろ半年になる。

行ってみると「なるほど」と納得した。広いアプローチの植樹から始まって、壁面、非常階段、駐輪場、駐車場……道路に面する部分のあちこちに、緑の工夫があり、建物を緑のベールで包もうという意図が見える。北側には緑の小径もできている。しかし、これだけ緑があると、それが本格的に成長して緑のベールを形成するまでに長い時間が必要だし、それを管理していくのも大変なことだろう……と、この施設を開発したJR貨物の事業開発本部をお訪ねしてみることにした。

旧日本国有鉄道は、1929（昭和4）年、この地に「小名木川駅」を開業、2001（平成13）年に駅を閉じた。その昔、水運の盛んなころ、敷地に運河を引きこみ、運んできたものをここで積み替えて陸送していたのだ。時は移り、JR貨物がその跡地に「小名木川開発プロジェクト」をスタートさせ、3つの街区に駐車場、商業施設、マンションを整備、いま、完成に至っている。

地域防災への配慮、地球環境への配慮（屋上、壁面の緑化はここに位置づいている！）を軸として、バリアフリー、ユニバーサルデザインの実現など、「建物と周辺」を都市の大型施設にふさわしく計画するとともに、まち全体を広く捉え、歩行者専用道（遊歩道）を緑化し、これを南端の公園から仙台掘川公園へつなげ、北側では小名木川の護岸整備から北砂公園の再整備につなげるなど、人びとが緑を楽しみながらまちの回遊を楽しめるように、区に提案して整備を

遊歩道の緑（10.11.08）

進めている。近くの砂町銀座との間でも双方のお客さんが行き来できるよう、案内版を設置したり、行事案内をしたりして協働している。

「江東区の公園と施設をつなげる路ができることがよかった」、「緑の施設ができて、買い物客はもちろん、たくさんの人に来てもらって、憩いの場所として地域に根付けばいいな」と事業開発本部の担当者は思っているそうだ。ちょっぴり心配なのは、「維持管理が大変だろうと思う」こと。まちと緑の成長には時間が必要だ。できあがったものに慣れている私たちのいまの生活。未来の美しいまちは、まだ私たちのイメージの中。地道な努力の積み重ねだけがそれを手に入れることができる。

（2010年12月）

駐車場の壁面緑化（10.11.08）

アリオ北砂：北砂 2-17
[map:p82 26]

コミュニティをめぐって①

写真展「仮設のまちに生きる」開催中！

仮設住宅で開業している床屋さん
（中国四川省星星村　09.08）

新しい年が明けると、「阪神・淡路大震災」の被災日が巡ってくる。あの日の朝、車の中で聞いた大地震のニュースを、きっと私はいつまでも忘れないだろう。住宅や商店街を飲み込みながら広がる火災、倒壊するビルや高速道路、けが人や行方不明者、自分自身が何もできずに東京にいるというもどかしさ……「何をしているの！」と叫びだしたいような日々が続いた。

20世紀末から21世紀の初めにかけて、この阪神・淡路大震災をはじめ、トルコ、台湾、パキスタン、中越、中越沖、四川省……と、大地震が世界中で相次いだ。東南アジアでは地震にともなう大きな津波被害もあった。トルコ東マルマラ海沿岸地震をきっかけに仲間たちと作った「仮設市街地研究会」は、思いもかけず、台湾、中越、パキスタン、四川省……と次々に被災地を訪問することになったのである。

「あの日」から16年が経った。世界の被災地を訪れる私たちの前に展開する光景は、お国ぶりもさまざまに、日本にも参考になる例がたくさんあった。なかでも、海外の仮設住宅地に見るコミュニティの継続と再構築への挑戦には、目を奪われた。例えばトルコの仮設住宅地の中には、喫茶店、商店、子どもの家、青年の家、女性のアトリエ、パソコン教室……枚挙にいとまがないほど、多彩な施設が置かれ、復興への基地＝「仮設市街地」となっていた。

がれきと隣り合わせの粗末なプレファブの中に、図書室やギャラリーが置かれているのも驚きだった。「人はパンのみにて生くるにあらず」という言葉通り、被災という状況下でも、衣食住が満たされていればよいだけではない、という

緑化した仮設住宅での優雅なお茶の時間（トルコ、フィダンルク 00.08）

ことをしっかりと主張しているのである。

また、「囲み型」で中庭のある仮設住宅では、花壇をつくり、道路には「街路樹」の苗を植え、居住者同士で話し合って増築するなど、与えられた環境にただ順応するだけでなく、そこに働きかけ、少しでも住みよい環境を作り、隣人たちと苦境を乗り越えていこうとする努力もみられた。

「被災」の中で、人びとはそれまでのコミュニティを一挙に失う事態に直面する。「仮設住まいは暫定的なものだから」などといって済むことではない。高齢者、子どもを始め、被災者にとって、そこはかけがえのない時間を過ごし、復興への足掛かりとなる、仕事を含めた生活の場なのである。

写真展「仮設のまちに生きる」で、私たちのカメラから覗いた世界各地の被災地の姿を見ていただき、「これから」を考えたい。江東区はもちろんのこと、「自然災害」と無縁な場所など日本にはないのだから。

（2011年1月）

中庭で植物を育てるトルコイスラエル村（00.08.02）

トルコ日本村の増築（00.08.02）

災害復興写真展「仮設のまちに生きる」は、江東区文化センター談話ロビーにて、2011年1月8日～18日開催。

コミュニティをめぐって ❷

私たちにとっての「文化」

茶会も開かれた（11.01.23）

1月23日に、深川江戸資料館で「文化フォーラム——みんなで築こう未来のこうとう」が開催され、コーディネータを務めさせていただいた。

シンポジウムは「私にとっての文化」というテーマから始まった。「文化は『水』のあるところにこそ育つ」と主張される有明教育芸術短期大学の小林学長。区外からお越しで「まち歩きが大好き」といわれるコラムニストの泉麻人さんは「何代も続いている炒り豆屋さんとその前の電線に止まるハトのようなものも大切な『文化』だと思う」と話された。代々江東区の住民で、東京シティバレエ団の演出・振付を担当されている石井清子さんは、幼いころから家族で歌舞伎を見に行く環境があり、バレエや三味線のお稽古をしながら育ち、「『文化』はそれぞれの人の心の中に住むもの」で、「バレエと三味線が一緒にあるような日本文化の懐の深さ、多様性」についてコメントされた。区民代表として登壇された山崎区長は、海苔の養殖を家業とされる環境で育ち、焼け野原から立ち直った江東区が、いまや23区の中でもトップレベルの文化の高さを誇っている現状とまちの小さな文化を大切にしていきたいということを話された。

第2ラウンドでは、日頃の活動から江東区の文化的特徴とまちの魅力について考えることがテーマだった。ドイツで研修されたとき、まちの八百屋のおじさんがバレエの演目について熱心に話すのを聞き、みんながバレエについて話せるまちにしたいと思い、次世代育成に力を注いでいる石井さん、大学と地域の連携の在り方を常に課題としている小林さんのお話があった。泉さんや区長も、新旧それなりの表情のある江東区を大切にしていきたい、と話された。

江東区茶華道会による生け込みも盛り上げてくれた（11.01.23）

自己紹介には思い出の写真が使われた（11.01.23）

最後に、未来の江東区が文化的にどういうまちであるべきかが、会場からの発言も交えて討論された。子どもたちの豊かな心を育てる次世代育成が大切であること、地域の文化を継承するのは、学校教育のみではない地域ぐるみの教育の力が必要であること、水辺の文化を大切にし、舟運の復活も必要な時代になっていること、行政区にこだわらない地域の特性を大事にすること、新しいものも必要だが、古いものを大切にしていきたいこと、などが語られ、提言を受けた形で区長は、「水」は江東区の最大の財産であること、今後とも次世代育成に力を入れていきたい、提言は区の施策に反映させることを検討していくことなどを話された。

あっという間に時間がすぎたが、「文化」は、すぐ身近にあり、まちの住み手それぞれが、磨き育てるものであること、新しいものと古いもの、伝統的なものと前衛的なものが「出会い、交流する」ところから生まれ、発展するものであり、人の絆と伝統文化の豊かな土壌を持つ地域に出会い、育てられることによって花開くのだということが実感された。江東区こそ、文化の面から未来をリードできるまちになる、限りない可能性を持っているといえよう。

（２０１１年２月）

コミュニティをめぐって③

香取大門通り会のチャレンジ

ファサードを看板建築に改修した店舗が並ぶ（11.02.24）

亀戸駅から明治通り沿いに真北へ500メートルほど歩くと、蔵前橋通りとの交差点に出る。ここを左に曲がり、すぐ右手にある大きな鳥居をくぐって香取神社へと向かうと、まるで映画の撮影現場のセットに入ってしまったような錯覚に陥る……香取神社の参道にあたるこの「香取大門通り」には、ピカピカの、ペンキ塗りたてファサードを持つ商店が並んでいるのだ！しかも、ペンキはピカピカでもスタイルはレトロそのもの。「看板建築」群だ。よく見ると、売り手も買い手も、野菜や花、おかずや煎餅などの商品も、甘味店の中の家具もメニューも、のんびり歩く猫までも……レトロだ！

焦る気持ちを抑えて、商店会の事務局長を務めている長束光芳さんにお話を聞いてみよう。香取大門通り会は、もともと、創建7世紀後半といわれる香取神社の、全長200メートルほどの参道に沿ってできた、30店舗程度から構成される近隣型の商店街だ。戦災から復興した商店街は、食品を扱う商店街として繁盛し、昭和30年代には、生鮮食品が充実していることで、近隣はもとより周辺地域からも来る買い物客で混雑したそうだ。しかし、その後全国の多くの商店街と同じように、高齢化、後継者不足、大型店の隆盛などの流れの中で、空き店舗が増え、衰退が目立つようになった。

2008（平成20）年に区の補助事業として、「観光レトロ商店街モデル事業」が公表され、半年以上の勉強会をしながら、「どういう商店街にしたいか」などの議論を続けて応募し、選ばれることができた。「昭和30年代」、一番賑やかな頃の商店会の復活を目標にした。昭和37年生まれの長束さんには、「人がいっぱい

美しく並べられた野菜など
（11.02.24）

それぞれに工夫を凝らしている（11.02.24）

買い物客との会話も弾む
（11.02.24）

長束光芳さん
（11.02.24）

出ている商店街」が心に残っている。それを「取り戻したい！」というココロだ。モルタルや金属板で覆った建物のファサードは、防火機能を持つだろうと、関東大震災以後たくさん生まれた「看板建築」として店を整備しようと、なった。

商店会は全員一致して動いた。両側30店舗のうち、11店舗がファサードを改修、あとは袖看板やテントなどで雰囲気をそろえることにした。夜には行燈を出そう、4年後には電柱も地下埋設にして環境整備をしよう、など、実現に向けて取り組むことが山のようにある。空き店舗のところにコミュニティスペースを設け、観光案内所もおいた。いま、香取大門通り会は、3月12日のオープンに向け、工事の仕上げに大忙し。ここから世界に向けて下町の魅力を発信する構えでいる。

商店街はただ商品を売るだけでなく、環境整備や防災・防犯、少子・高齢化対策など、コミュニティの抱える課題に常に真正面から取り組んできた。商店街の魅力はコミュニティの魅力そのものだといってもよい。香取大門通り会の果敢なチャレンジを応援しよう！

（2011年3月）

亀戸香取勝運通り
商店街：亀戸 3-61
[map:p82 27]

まちと食べ物 1

水まんじゅう

「双葉」の水まんじゅう（11.05.26）

戦後の食糧難の時代に育ったため、他人様が作ってくれたものなら、なんでも「おいしい！」。ボキャブラリーも貧しく、ほとんどこれ以外の褒め言葉を知らない。しかしあちこちのまちを訪ねると、だれかに伝えたい「本当においしい！」という食べ物に出会うことを何度か経験するようになった。材料や技術やその土地の景観や、気候総体のなかで、初めて「おいしい！」という……「食べ物」にもそれぞれの文化があるという当然の結果に、やっと実感を持って行きついたのだ。

初めて「水まんじゅう」というものがあることを知ったのは、10年ほど前だったろうか。江東区の菓子店で、水まんじゅう売り出しの札を見つけた時のことだ。「衝撃的事件」だった。「水」と「まんじゅう」がどうしても両立するとは思えなかったのだ。

今度こそ取材しようと、5月のやや蒸し暑い日に、資料館通りの「御菓子司・双葉」を訪ねた。『江東区の逸品44』に「ごま大福」が取り上げられている老舗である。「水まんじゅう」と出てこられたのは、70代半ばを過ぎた女性である。「あんずがいいの？　小豆がいいの？」と聞かれ、「？・？・？」。「あんず餡と小豆餡があるのよ」と出して見せてくれた。それぞれ氷の霜を通してオレンジ色と紫色の餡が透けて見える。「冷やしてそのまま食べるの！」と教わった。想像していたものよりはるかに美しくアジサイの花のように見える。口に入れれば甘く冷たく、のどごしのよさがいかにも初夏向きだ。

双葉の当主のご先祖は小石川の菓子屋だったとか、終戦後、先代が今の場所

「双葉」当主と夫人と息子さん（11.05.26）

深川江戸資料館のある通りに面している（11.05.26）

に菓子屋を営み始めた。中学生だった当主は、「おやじを手伝って、当然菓子屋になるものと思って」育った。「甘いものなど何もない時代、焼野原でさつまいもを作り、ふかして食べる人もいた、統制も厳しかった」と述懐する。だんだんと、だんだんと、ものが出回るようになり、菓子店も軌道に乗った。今は夫婦とあちこちで修業を重ねてきた息子さんの3人で店の裏側の作業場で自家製菓子を作り、「自家製だからおいしいのだ」と自認している。

私の大好きなまち、岩手県岩泉町＊の菓子司中松屋の水まんじゅうは、器に水まんじゅうを入れ、近くの鍾乳洞「龍泉洞」の水を冷たく冷やしてひたひたに注ぎ、スプーンでまんじゅうと一緒に掬って食べる。水に栗餡の甘みが溶け出し、この食べ方も「おいしい！」。

双葉の当主が「陽気がよくなったら作る」という水まんじゅう、下町だけのものではないのだろうが、色や姿がなんとも下町らしい「今が旬！」の食べ物である。

（2011年6月）

岩泉町「中松屋」の水まんじゅう（11.04.15）

＊岩泉町は 2011 年 3 月 11 日の東日本大震災の被災地のひとつであるが、中松屋は隆起大地の上にあり、被災を免れている。

御菓子司 双葉：
白河 2-2
☎ 3641-6840
[map:p82 ㉘]

まちと食べ物 ②

まちの伝統をつなぐ亀戸大根

亀戸大根（提供／續橋尚子）

江戸の昔、江東区が江戸城とその城下を支える野菜の生産地であったことはよく知られている。高層マンションで暮らす若い世代や子どもたちにとって、いまの江東区が、昔、野菜畑であったことなど、「関係ない！」ことかもしれないが、いま、このまちの伝統を、「野菜を育てる」ことによって伝えていこうとする人たちがいる。

第二亀戸小学校をお訪ねして、田中孝宏校長先生と續橋尚子副校長先生のお話を伺った。第二亀戸小学校は、今年開校101年を迎える伝統校だ。

約150年前から江東区で栽培されるようになった亀戸大根は、昭和40年代、東京オリンピック開催にともなう開発とともにだんだんと区内から姿を消した。「さみしいな」と思っていた地元商店街「かめの会」が大根のタネを配ることを始め、学校なら栽培できるのではないかといわれ、校長先生たちは喜んで引き受けた。親も子も自分の暮らす土地のことを知らない人がどんどん増えている。「ふるさと東京」のことを自分の手で育てる作物を通して知ってほしいと、熱心に栽培に取り組んだ。

子どもたちのモチベーションを上げるために、一人に2粒ずつのタネを配り、自分の名札をつけて育てる「マイダイコン」のしくみを作った。これは大成功、子どもたちはみんな夢中になって自分のタネを心配しながら大切に育てる。収穫は一大イベントだ。大根を抜くと二股になっていたり、ねじれていたりとそれぞれ形がちがう。續橋先生は、「形はちがっても、みんな同じ大根！」と教えている。「なりもの」とちがって、収穫してみないと形がわからないのも土

亀戸大根の栽培を指導する藤浪三男さん（11.07.22）

亀戸大根のタネの収穫と續橋尚子副校長（11.07.19）

第二亀戸小学校：亀戸 6-36
[map:p82 29]

の中で育つ大根の大根たるゆえんだ。

作っただけでなく老舗の料理店「升本」に頼み、調理師を派遣してもらい、親子を対象に亀戸大根の料理教室を開き、きんぴら、つみれ、ダイコン汁などにしている。地域の方にお礼をしようと、卒業式に漬物をふるまったりする。将来的には、「親が子に教える料理」となってほしいと思っている。

この大根栽培の指導にあたっているのは藤浪三男さんだ。藤浪さんによれば、亀戸大根は、江戸時代では青物がまだ少ない「春一番」に収穫する大事な野菜。江戸っ子のせっかちな気持ちにぴったりの野菜だ。3月第1週の日曜日、香取神社の福分け祭りに、収穫した大根を奉納する。色白で首の丸い亀戸大根は「おたふく大根」ともいわれ、亀の形に見立てて束をつくる。春の七草に出てくる「すずしろ」はこの大根をさしている。煮てよし、漬物でよし、万能の野菜。

「食糧自給率がわずか40％弱の日本にとって、〈地産地消〉は今後ますます重要な政策課題、土地に残るものはその土地に適したもの……。〈地産地消〉が一番おいしい」というのが藤浪さんの哲学である。

収穫は3月だから、味を紹介するわけにはいかない。でも、「いますぐ、どうしても！」という方は、亀戸升本すずしろ庵で「大根まんじゅう」や「たまり漬け」、「みそ一本漬け」などを手に入れて、味わうこともできる。コミュニティの伝統はしっかり味として引き継がれているのである。

（2011年8月）

まちと食べ物③

砂町開発と野菜の促成栽培

小島の点在する低湿地だった江東区東南部は、江戸期のまちの拡大にともなう埋め立てと新田開発によって、江戸という大市場を控えた一大農村地域を形成した。つまみ菜、京菜、砂村葱、砂村西瓜、砂村丸茄子、小松菜などたくさんの農産物――野菜が江戸に供給された。その中でも砂村西瓜は、「上品で、白肉は薄く、中は濃紅」といわれ、名産地であったことが伝わっている。中川船番所資料館の久染係長によると、当時は西瓜売りがまちを回り、「今ほど甘くない西瓜は、コーラを飲むのと同じ感覚で食べられていたのだろう」という。

地域の形成と密接に関係する独特の農業も発達した。それは、野菜の促成栽培である。『江東区史』は、「伝承によれば」と断り書きをつけながらも、「寛文年間（１６６１～１６７３）に中田新田の篤農家、松本久四郎が野菜の促成栽培を考えだし、３月中旬に茄子・胡瓜・菜豆（いんげん）の３種を将軍家に献上した」と記している。江戸のごみを利用した温床栽培、炭火を用いた囲い栽培などを研究し、柿渋を塗った紙で覆って熱を逃がさないようにして収穫期を早める、「ハウス」ものを発明したことになる。

北砂２丁目の志演尊空《しのぶそんくう》神社に、「野菜の促成栽培発祥の地」という説明板があると聞いて行ってみた。清洲橋通りと明治通りの交差するあたりに志演尊空神社があり、境内にＪＡ東京グループが農業協同組合法施行50周年記念事業として建てた簡単な標識が立っている。それによると、促成栽培の野菜類は、初物を食べるというぜいたくにつながるので、江戸幕府はたびたび出荷日の統制や促成栽培禁止の触れなどを出して取り締まったという。それでも、促成栽

野菜の促成栽培発祥の地の標識
（11.07.19）

志演尊空神社（11.07.19）

培はますます盛んになっていったということは、「気の早い江戸っ子」の気質にぴったりの食べ物だったのかもしれない。標識は、「……江戸ごみという都市廃棄物を農業生産に活用した見事なリサイクルが昭和30年代まで展開されてきた事実にも驚きと先人の苦労がしのばれます」とも記している。

足を延ばして、松本久四郎のお墓があるという東砂の因速《いんそく》寺にも行ってみた。墓地の入口に近い所に7代目松本久四郎が1927（昭和2）年に建てたという松本家の先祖累代の墓がある。パンフレット「因速寺―沿革とゆかりの人々」にも「促成栽培の先駆者」として、松本久四郎のお墓があることがとりあげられている。墓石は時を経て黒ずんでいたが、花生けには生花があり、誰かがお参りに来ていることがわかる。住職さんに聞いてみると「ええ、ご親族がお見えになります」ということだった。リサイクル都市・江東区を築いた先人の存在が、俄かに身近に感じられる空間である。

（2011年10月）

因速寺にある松本久四郎の墓
（11.09.10）

志演尊空神社：北砂 2-1
[map:p82 30]
因速寺：東砂 1-4
[map:p82 31]

まちと食べ物④

海苔は語る

砂町の海苔場

年末、年始にかけて贈答品として活躍する海苔。「ノリ巻」、「ノリ弁」などとして、普段の生活の中でも私たちには長年慣れ親しんだ食べ物だ。江東区は、明治以来この海苔の一大産地として知られていた。

『江東区ふるさと文庫① 古老が語る江東区の職人たち』には、海苔の製造業、養殖業、海苔漁師たちの話が記録されていて、つい最近までといっていいほど、江東区にとって海苔がコミュニティを代表する食べ物であったことがわかる。「海苔をやっている頃」は睡眠時間が2、3時間しかなかったこと、食事も落ち着いてできず、子どもたちは海苔屋に嫁にやりたくないと思ったこと、豊洲、晴海、有明などみんな海苔とりの場所だったこと、今は海苔の味も変わって硬くなってしまったこと、冬の寒さの中での海苔とりは、雪が降り出す12月ごろから始まるので、塩水に入れる方の手はそれほど冷たくないがもう一方の手が冷たく、「ときどき小便をかけながら」手を温めて仕事を続けたこと、オリンピックを境に「漁場が買い上げ」になり、埋め立てがされ、海苔をやめたことなど……。

1962（昭和37）年に漁業権を放棄するまで、三代続く漁師さんだったという植草周一さん（南砂在住）のお話を伺った。大正末期の「海苔之通」という小さな帳面が「代々海苔の商売をしてきた証」だという。「海苔屋を始めた祖父は、32（昭和7）年に亡くなっている」が、「父は戦争から復員してきて焼け野原になった東京で、水のよいことに目をつけて漁師を始めた」、学童疎開で山形に行った植草さんは、疎開から戻って3月10日の東京大空襲に遭い、妹と2人で、湯のような堀に入って助かった。幸運にも家族にも巡り合えた。

海苔洗い
（３点とも昭和30年代　撮影／植草周一）

海苔の乾燥は太陽熱で

8人兄弟の長男だった植草さんは学校を卒業して父の海苔業を助けた。「漁師は地形を知らないとできない、空をみて風をみる——北風は怖くないが、羽田沖からうねってくる風は怖い……」

「海苔は最高に栄養がある」と信じている植草さんは、江東区の海苔産業をどう考えているのか——埋め立てを重ねた東京湾で、地形に恵まれないと、海苔の復活は無理だろう、という。したがって「江東区ではもはや幻の産業だね」。「それは仕方のないことだが、あの人たちはかわいそうだねぇ…」と、植草さんのお話は突如、東日本大震災の被災地の話に飛んだ。山形に疎開したこと、海苔を生業とし、「山形屋」に海苔を納めていたことなど、被災は植草さんにとって「他人ごと」ではない。東北沿岸の漁業が早く復活してほしい、海苔もなんとか復活の道があるのではないか。植草さんは考え続けている。「被災地に行く機会があるなら渡してね」ということで預かった手作りの竹トンボは100本余り。東北の被災地へ送る植草さんの力いっぱいの応援なのである。

（2011年12月）

植草周一さん（11.11.10）

まちと食べ物 5

あさり

歴史を感じさせる店構え――手間をかけて直している（12.01.19）

「まちと食べ物」シリーズで、どうしても取り上げなければならない「あさり」の番がまわってきた。早春から初夏にかけて日本人にとって欠かすことができない食べ物――貝類、そのなかでも、あさりは江東区の食べ物の代表選手だ。

出張のときに買う駅弁でも、「深川めし」は何回食べても飽きないお気に入りだが、これにも、あさりを上に並べたもの、ご飯に炊き込んだもの、穴子入りなど何種類もあって、常々「本当の深川めし」の正体を知りたいと思っていた。1月の寒い一日、常盤2丁目の「深川めし本家」を名乗る「割烹みや古」をお訪ねし、4代目になる谷口英司さんのお話を伺うことにした。

「割烹みや古」は、１９２４（大正13）年開業、それまでずっとここに住んでいた谷口宮次さんは宮大工、その次の代の春義さんが、時代の流れをみながら、「これからは飲食店をやるのがいいのではないか」と思っていまのお店を始められたのだそうだ。以来、子どもたちが継ぎながら、今は、3代目のおかみさんが現役で頑張っているので、英司さんは「4代目予定」となる。メニューはもとより、お客さんに出すうつわも、ほとんど先代たちが集めた物を大切に使っている。２０１１年3月の東日本大震災では、倉庫が被災し、大切なうつわがかなり壊れたのがとても残念だった……。

農林水産年報によると、日本のあさりの漁獲高は、１９８４年頃のピークを境に減少の一途を辿り、いまや当時の8分の1程度となっている。割烹みや古のあさりは、どこから来るのか?をお尋ねしてみた。お店を始めたころは東京湾のあさりを使っていたらしい、戦争を契機にあさりは年々東京では獲れなく

割烹みや古のおかみさんと４代目（12.01.19）

店内のあちこちに「歴史」がある（12.01.19）

割烹みや古：
常盤 2-7　☎ 3633-0385
[map:p82 32]

割烹みや古の「深川めし」(12.01.19)

なり、愛知県、三重県など、日本のあさり漁を代表する漁場から仕入れている、とのことだった。

この土地には、もともとあさり漁師がたくさん住み、お店の前にも六間掘川という川が流れていた。この川から舟を出しあさり獲りに出かけ、あさりで作った味噌汁をご飯にかけて食べた漁師料理が、「深川めし」なのだそうだ。それをお客に出す料理として整え、炊き込みごはんにして提供したのが先代たちの工夫だった。「〝本家〟を名乗っていますが、どこの家庭でもやっていたもの。それぞれの料理法があると思いますよ」と４代目の謙虚な言葉だった。

１月の七福神めぐりが終わり少し楽になった……２月の節分の頃はまた忙しい……３月は歓送迎会などで使われる。５月は……というふうに、割烹みや古は季節の行事にあわせてほぼ年中忙しい。お店の将来イメージも聞きたくなった。「せっかくここまで続いてきた店だから、もっともっと良くしながら、ずうーっと続けていきたい、６年生の息子も、『将来ぼくもやりたい』と言ってくれている」と話す４代目。板前修業にはつらい面もあるが、腕を磨くためには当然のこと、手間ひまかけてこそ、料理もおいしくなるのだから、という。

激しく変わる下町の一角に、いつまでも変わらないものをまちが抱いているからこそ、まち全体が人びとの記憶に残るのである。ビルの１階にあるとはとても思えない風情を持つお店が頼もしく見えた。

（２０１２年２月）

隅田川
都営大江戸線
清澄通り
三ツ目通り
大横川
四ツ目通り
横十間川
明治通り
北十間川
東武亀戸線
旧中川
亀戸水神駅
JR総武線
錦糸町駅
亀戸駅
京葉道路
両国駅
JR総武本線
首都高速小松川線
竪川
森下駅
菊川駅
新大橋通り
住吉駅
都営新宿線
西大島駅
大島駅
東大島駅
清洲橋通り
東京メトロ半蔵門線
貨物専用線
小名木川
清澄白河駅
仙台堀川
清洲橋通り
荒川
門前仲町駅
木場駅
東陽町駅
南砂駅
永代通り
越中島駅
東京メトロ東西線
隅田川
晴海運河
豊洲運河
汐見運河
潮見駅
豊洲駅
首都高速深川線
砂町運河
JR京葉線
晴海運河
東京メトロ有楽町線
新豊洲駅
東雲運河
辰巳駅
新木場駅
JR京葉線
市場前駅
りんかい線
首都高速湾岸線
東雲駅
有明
テニスの森駅
国際展示場駅
有明駅
国際展示場正門駅
レポート駅
青海駅
ゆりかもめ
0 500m
1
2
3
4
5
6
7
8
9
10
11
12
13
14
15
16
17
18
19
20
21
22
23
24
25
26
27
28
29
30
31
32

歳月を重ねた水辺のまちは、いまどんな貌を見せているのだろうか。

見違えるような新しい貌も、親しんできた懐かしい貌も、
このまちを旅する人に見せるやさしさはきっとあまり変わらない。

いま、このまちは大きな変化を迎えようとしている。

海に面して成長を続けてきたまちは、伝統を大事にしながらも未来を受け入れる勇気を忘れない。

まちの伝統と未来をつなぐのは、家族やコミュニティの絆。

しっかりしたコミュニティの存在が未来に向かう冒険を応援する。

新しい時代の新しい役割を背負って、課題に真正面から取り組み、
世界に向けてこのまちの魅力を発信する。


第2章は、第1章で掲載した場所や人物のその後を訪ね、変化の有無などを記し、新たに撮影した写真を掲載している。

2017年3月から9月までの取材である。

第2章 ── まちの歳月

新しい暮らしを支える

豊洲の進化と新しいコミュニティの拠点

→p12

図書館の窓から（17.04.18）

豊洲シビックセンターを見上げる（17.07.20）

図書館内部。右手からバルコニーへ出られる（17.07.20）

「構築中」だった豊洲駅前は、10年の歳月を経て、さらに新たな姿を見せてくれている。図書館は立派に完成、高層タワーの上階に収まった。ピカピカでも、居心地のよい空間。本を読む人も読まない人も含めて地元の人びとがくつろいで過ごしている。

高齢の男性や女性の方も多い。一方、子どものための空間ではお話し会が始まるところ。よちよち歩きの子どもたちと母親が集まり始めている。この新しい地域でこの図書館が少しずつコミュニティの拠り所になりつつあることを示唆している。

晴海通りの横断歩道橋の上から眺める風景も超高層ビルがさらに加わって、また少々変化した。工事中の場所もそここに見られ、まだまだ加わる新しいビルもあるようだ。豊洲はたしかに「未来都市」として成長しつつあるのだ。歩道を歩く人たちもどこやら未来人風。「豊洲に住む人は、『江東区

10 年前と比べて正面左の高層棟が完成（17.04.18）

に住んでいる』という意識が薄い、『東京の真ん中に住んでいるのだ』と思っている」という話を聞いたことがあるが、これだけの高層ビルの林立では、そう思わせるのも無理のないことだ。

江東区の人口増は主としてこの豊洲に支えられている。平成初期に40万人近くだった人口総数は２０１７（平成29）年を迎え、50万人を超えた。一方、一世帯当りの人数は２人を下まわり、小規模化している。ひとり暮らしも多くなったことだろう。高層ビルに少人数家族が集まって暮らす未来は、どういうものか、未来の行方が少し気になった。

開館して2年経った図書館が歳月を重ねて、まちの住民、高齢者にとっても子どもにとっても、その生活を支え、「あそこにいけば自分の居場所がある」と思える場所となりますように。

まちの魅力・まちの宝物①

大鵬顕彰コーナーができた

深川江戸資料館→p24

資料館の落ち着いた佇まいは変わらない（17.04.25）

深川江戸資料館の入口では、等身大の横綱大鵬のパネルに迎えられた。「並んで写真を撮ろう！」と解説がついている。第48代横綱大鵬は、1967年、結婚を機に江東区清澄に居を構え、71年に引退してからは自宅を改装して「大鵬部屋（現・大嶽《おおたけ》部屋）」を設立、2009年江東区名誉区民の第1号となるなど、江東区との縁は深い。そもそも富岡八幡宮が「勧進相撲」発祥の地であること、相撲部屋が7つも立地していることなど、江東区と相撲の絆は並々ならぬものがあるのだ。

資料館の大鵬顕彰コーナーは14年、ご家族の協力を得て開設された。横綱推挙状、大鵬部屋の看板、内閣総理大臣杯のレプリカ、髷、化粧まわしと太刀、優勝賜杯のレプリカ、手形、サイン他が大切に展示されている。次長の野呂さんのお話によると、「髷は本物でひとつしかないから、他の資料館から大変うらやましがられている」とのこと。

常設展示の江戸長屋では、以前と変わらずまちの一日が再現されている。こ

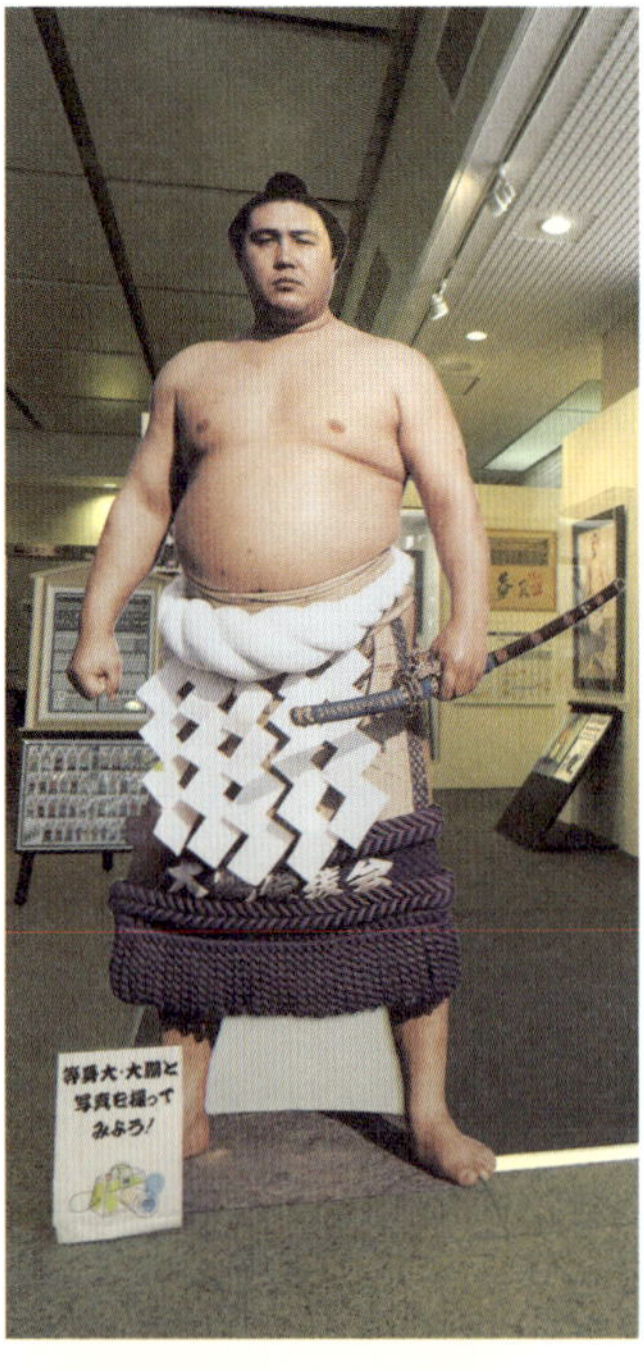

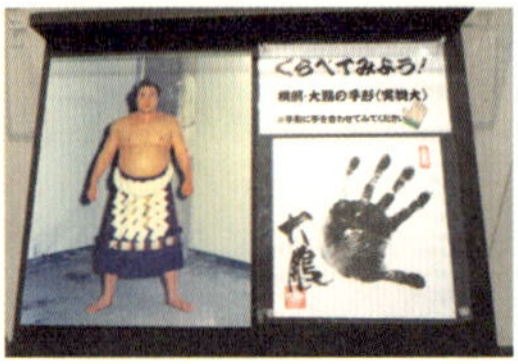

横綱の大きさを実感できる（17.06.20）

照明・音響が演出する深川のまちの一日（17.04.25）

江戸野菜の「模型！」（17.04.25）

こでは、着付けや落語、小歌の稽古風景などいろいろなイベントも行われ、当時の暮らしぶりを偲ぶことができる。なかなか見ることのできない亀戸大根など江戸野菜の模型も、八百屋の店先に並んでいる。江東区は、江戸の昔から「集合住宅」のまちだったことがいつでも実感できる。

長屋が構成した深川のまち（17.04.25）

伝統工芸のコーナーも、17年の6月にこの資料館に引っ越してきた。職人の仕事場の再現、作品の展示を通じて伝統工芸に関わる職人の仕事を紹介している。住まいも産業も、江戸の繁栄を支えた深川の文化を、ここで概観することができる。

まちの魅力・まちの宝物 ②

お化粧直しした補助帆付汽船・明治丸

↓p32

3本マストにそれぞれ5本のヤードが並ぶ（17.04.18）

主甲板最後部にあるサロン（17.04.18）

2009年に訪れたときは修理工事をしていた明治丸は、13年12月から大規模修復工事に入り、一般の見学ができなかったが、15年3月に竣工、その美しい姿や内装を見ることができるようになった。

17年4月、8年ぶりに訪ねてみると、キャンパスは葉桜となって、新緑の真っ盛り。ハナミズキが白やピンクの花をつけている。明治丸は、その美しい姿を緑のキャンパスに悠々と横たえている。マストやバウスプリットの黄色も緑に映えている。背景には超高層住宅棟が何棟も並んでいるのが、いかにもこの場所らしい景観だ。

左舷側にとりつけられた階段を上って上甲板から主甲板に入ると、1等船室、明治天皇御座所、サロンなど由緒あるスペースがある。どんな会話がここでかわされていたのだろうか、想像力を膨らませてみるのも楽しい。

船を下りると、インドネシアからの研修生の一団が、明治丸を背景に、賑やかに記念撮影をしているのに出会っ

東京商船大学旧天体観測所第1観測台（17.04.18）

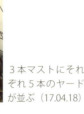

超高層ビルを背景に悠々と横たわる明治丸（17.04.18）

た。日本企業に研修に来たとのこと。上手な日本語を話している。構内には「東京高等商船学校航海科125期生」による記念碑もある。卒業55周年に当たって建てられたもので、45年3月10日の東京大空襲から明治丸を守り抜いたことを誇り高く記している。

正門近くに、登録有形文化財である第1、第2観測台の建物も見ることができる。それぞれ2階建てと平屋建てで、ともにレンガ造、航海に必要な天体観測のための建物だ。小規模だが、端正な美しい姿を保っている。東京海洋大学の越中島キャンパスはこうした貴重な建物を見てまわるだけでも楽しい。江東区のまちが思いがけない魅力を持っているのは、まちの歴史とそれにかかわった人びとの思いを大事にしているところにあるのだ。

まちの魅力・まちの宝物 ③

まちの情報センター

深川東京モダン館

→p34

1932年竣工。江東区の貴重な財産（17.06.20）

1階受付カウンター（17.04.18）

2階はさまざまな催しに使われる（17.04.18）

オープン以来もうすぐ8年を迎える深川東京モダン館は、初夏の陽を浴びて、路地の奥に変わらないモダンな姿を見せていた。「モダン館通り」「まちあるき案内所」などの案内看板も充実してきている。

オープン時のコーディネータ、井村さんから2011年4月には文化財専門員の龍澤潤さんが副館長としてバトンを引き継いだ。12年6月から『深川東京モダン館だより』を創刊し、17年5月で55号となって、モダン館の行事や関わる人びとの情報発信に努めている。

モダン館のイベントは多い。企画展示のほかにも、落語、講談、講座、子どもの遊び指南など「貸し館」だけでない情報センターとして、江東区の歴史と文化を発信する拠点としての役割を果たしている。

1階にはセルフサービスの百円コーヒーのコーナーも置いた。貸し館で埋まっていない日に運営されている2階の喫茶では、10月と12月、東京都の文化財ウイークにあわせて昭和10年代の料理本からレシピを選んで、当時の食事を提供している。年に2日、2回だけ、先着20人限定の食事だ。昨年は「スコッチエッグ」と「ハッシュドビーフ」だった。

まち歩きツアーの申込者も徐々に増えてきている。「まずはモダン館の存在に気づいてもらい、リピーターになってもらいたい」と、これからの江東区のイメージをふくらませる龍澤副館長だ。

副館長・龍澤潤さん(17.06.20)

まちの魅力・まちの宝物 ④

「甓甎《へきせん》文庫」の柱 レンガの資料

→p40

甓甎文庫入り口(17.03.18)

「ちょうど外から帰ってきたところだ」という鬼頭日出雄さんは、私たちを資料のつまった部屋に招きいれ、昼ごはんも食べないまま、東京駅や日銀の建設当時の図面など貴重な資料の数々を次々に見せてくださった。レンガの資料についての熱い情熱は、2009年お会いした当時とまったく変わらない。玄関前のレンガで造られた「甓甎文庫」のシンボル柱もそのままだ。

こうした貴重な資料を保存・活用していく方策はないのだろうか。むずかしいことだが、江東区にとって、鬼頭さんの「甓甎文庫」は、大切な財産、コミュニティの宝物のひとつであるはずだ。

保存された紀長伸銅所のレンガアーチ(17.04.25)

季節を楽しむ 清澄庭園

→p42

大学時代の同級生で年1、2回「クラス会」を開いて集まっている。参加者が高齢化するにつれ、クラス会の場所に都内の庭園を選ぶことが多くなった。春の桜、秋の紅葉など、いまや本当に「高齢者」となった「昔の若者」たちの目にはそれなりに楽しい。

2017年は清澄庭園が選ばれた。桜には少々遅くなってしまった4月初め、雨模様の庭園をめぐり、「風流」を気取った。ボランティアガイドさんのツアーにのったのは初めてだったが、細かなところまで詳しく説明してくれて、楽しかった。全国から集められた名石に、同級生の建築家たちは興味津々。大きな桜の樹は、花はすっかり終わっていたが、その下の記念撮影で「クラス会・2017年春の段」は幕を閉じた。懐かしい友人たちとの再会の場として、日頃忙しい仕事仲間のくつろぎの場として、「清澄庭園」の活用は多様だ。

大正記念館では結婚披露宴なども（17.04.08）

国賓を迎えるため岩崎家が建設した涼亭（17.04.08）

岩崎家が全国から集めた名石のひとつ「生駒石」（17.04.08）

まちの魅力・まちの宝物 6

世界へ向けた窓

富岡八幡宮→p48

月に２回、参道には骨董市が立つ（17.07.28）

富岡八幡宮は大祭を控えてお化粧直ししていた。境内は、すっきりと片付いている。伊能忠敬の像は大鳥居の横にひっそりと、また、毅然と、立っている。これから測量の旅に出発する姿だ。旅が決して安全でなかった時代、どんな気持で出発したのだろうか――未知の世界との遭遇に心躍らせ、また、日本全体の測量という大仕事について心配もし、成果を信じ、無事を八幡宮に祈りもしたことだろう。

伊能忠敬の出発（17.04.18）

江戸時代、松尾芭蕉や弟子の曾良など、旅立つ人の多くは富岡八幡宮にお参りしてからその旅への一歩を踏み出したという。この門前仲町は旅する人にとって「未知の世界への入り口」として存在していたのだ。江東区の世界へむけた「窓」だ。しっかりしたコミュニティの存在が、広い「外の世界」への冒険を応援し、その視野を保障したように思われる。

変わらぬ信仰を集める八幡様（17.04.18）

商店街はがんばっている①

もっと地元の人に買ってほしい

砂町銀座→p38

階段を上がると正面に高平稲荷神社、左に商店街振興組合の事務所（17.04.01）

狭い通路幅が賑わいを生む（17.04.07）

砂町銀座は、8年の歳月をものともせず、変わらぬ賑やかさを見せているように見えた。ほかほかの湯気をたてているお惣菜、切りたての美しい花、店からあふれ出そうな靴や衣類などなど。ひさしぶりにお目にかかる砂町銀座商店街振興組合の副理事長・沼田正史さんも変わらずお元気で、商店街の真ん中あたりにある事務所にどっしり腰を据えていらした。商店街のこの間の変化について伺うと、ちょっときびしい顔になった。

おいしそうな惣菜が並ぶ（17.04.07）

「この数年で、接（整）骨院、歯科医、病院などが増えた。いま、こうした接骨院や病院が最近のもいれて8カ所あるかな。本音をいえば、もっと食べ物屋のようなのが増えてほしいのだけれど」、

「シャッターを閉めたところはそんなにない。客の出方も変わらず、にぎわっているが、高齢化が進んでいる。大型店が近くに出店したけれど、一般に大型店は高齢者には疲れてしまう。ここなら休む所もあるし、店の人との会話も楽しめる。しかし、高齢のお客さんは、あまり大量

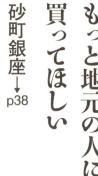

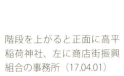

店から溢れる商品！（17.06.22）

にものを買わない。だから商店の経営は大変だ」、「家賃は高い、利益率は低く、労働時間が長い、だから後継者も出にくい、恵まれている商店街かもしれないが行く末はきびしい」

２０２０年の東京オリンピックを控えて外国人や観光客の動向はどうかと伺うと、「観光目的の人は大変増えた。食べ歩きなども盛んだ。土・日は必ず外国の人が通訳をつけたツアーでやってくる。家族づれで、銀座→門仲→砂町→スカイツリー→浅草とまわるらしい。でもオリンピックの効果はまだ見えない。それまでになにかアッピールすることを考えたいと思っている」

「店の人に聞くと客の８割は『知らない人』だという。もっと地元の人に買ってほしい！」というのが副理事長の本音のようだ。商店街のがんばりを応援したい。

商店街の新たな役割

亀戸香取勝運商店街

→p70

明治通りと蔵前橋通りの交差点から見る商店街入り口（17.06.03）

　6年ぶりに訪ねた亀戸香取勝運商店街はピカピカ！まるで「新品」のまちのように見えた。明治通りと蔵前橋通りの交差点から左手前方を見ると、ひときわ目を引く緑色の看板建築がその存在感を発揮している。これは商店会の事務局長を務めている山長さんの店だ。

　商店街の入り口の鳥居はすっぽりとシートをかぶって、現在お化粧直し中。

香取神社にある亀戸大根の碑（17.06.03）

鳥居の足元には行燈型の標識が「スポーツの神　香取神社参道」と「香取大門通り勝運商店街入口」を案内している。ちょっとレトロな和風街灯も完成している。昨年末の電線の地下埋設、舗装の完成など、「なかなか進まなかった工事も、リオ・オリンピックを契機に整備されたのですよ」と甘味処・山長さんのフロアを務めている長束光芳さんのお姉さんの説明だ。まちなみが特にすっきりしたのは、この電線地下埋設の効果が大きい。

　商店街、つまり神社の参道を歩いて、スポーツの神様にご挨拶に伺う。亀戸大根の碑、木遣音頭の碑など、変わらずきれいに清掃されている。吉田沙保里さん、元・体操選手の塚原直也さんなどのアスリートや芸能人の色紙も飾ってある。アスリートたちは、ここで「勝運」をお祈りするのだ。

電線地下埋設によってすっきりした商店街（17.04.24）

２０１１年3月12日に新装オープンしたこの商店街は、前日にあの東日本大震災の洗礼を受けた。「当日夕方にはたくさんの人びとが自宅を目指して帰路にあり、ふと気がついて『トイレをお使いください』と掲示した。大勢の方に感謝された。オープンに際して予定していたイベントの半分以上は中止になってしまったが、亀戸や近隣の方々が参加してくれた。予定していたテレビ放映をはじめとする宣伝もなくなったけれど、東北のことを考えたらそんなことも言っていられない、商店街としてはまだまだだけれど、東京オリンピックに向けてコミュニティとしての役割を果たしていきたい」というのが長東光芳さんの「覚悟」だ。

新しい時代の商店街の新しい役割、コミュニティに根差しながらも世界を見据えた商店街のあり方に乾杯！

チャレンジするアート①

清澄から六本木へ

小山登美夫ギャラリー

↓p50

ギャラリーなどアート関係のスペースが集まっている（17.06.23）

現代美術の芸術家の個展がオープンする日に、小山登美夫ギャラリーを港区六本木に訪ねた。いくつかのギャラリーが集まった、3階建ての新しい建物の2階に位置している。江東区清澄にあったギャラリーは、借りていた建物が建て替えのため取り壊されることになって移転することになり、2015年千駄ヶ谷に移り、そこから翌年10月、現在の六本木に引っ越した。

小山さんによると、「江東区は、大きなスペースが手ごろな家賃で借りられてとてもよかったが、六本木ではちょうどよいものがなく、現在、本社機能と倉庫は港区海岸にあり、ギャラリーは、この六本木と渋谷のヒカリエの中と2カ所にある」とのこと。「もともと『もう少し西の方に引っ越してきてほしい』とお客さんたちからはいわれていた。このエリアは複数の美術館やギャラリーがたくさんあって、美術に関連した人たちが多く来るので、ここに引っ越したことはとてもよかった。でも江東区も若い人たちのギャラリーが集まり始めていて、また、ちがったシーンが展開しそうで、おもしろくなりそうなところだよね」というのが小山さんの見解だ。

展覧会には、ベビーカーを押した若い家族も学生たちも、アートの関係者らしいグループも交じって賑わいをみせていた。新天地でのギャラリーのさらなる発展を期待しよう。

ギャラリー入り口（17.06.23）

まちとの接点を目指して

ギャラリーエークワッド→p52

地下鉄東西線東陽町駅からも近い（17.04.01）

小雨の中、2010年以来ご無沙汰していたギャラリーエークワッドを訪ねた。「今森光彦の写真展」開催中。雨のウイークデーの午前中にもかかわらず入館者がいる。丁寧に工夫された美しい展示が入館者を魅了している。コーヒーサービス（百円・セルフサービス）と、周辺に柳宗理デザインの椅子・バタフライを置いた休憩コーナーができているのも、このギャラリーの「まちとともに」という心意気を示している。

16年4月より館長は川北英氏に代わり白川裕信氏が就任し、主任キュレーターの岡部三知代さんは、そのまま副館長も兼務している。11年より一般財団法人、13年より公益財団法人として組織を整えた。「まちとの接点」となる舞台は、まだまだチャレンジを続けている。

右手に休憩コーナーがある（17.04.01）

展示は工夫がこらされている（17.04.01）

チャレンジするアート③

江東から世界へ向けて

ギャラリー楽庵→p54

1階にギャラリー、2階に鍼灸院（17.03.18）

ギャラリー楽庵の展示（17.03.18）

楽庵の1階展示スペースと喫茶コーナーには、若い女性たちのにぎやかな声があふれていた。その中から「あーら、久しぶり！」とギャラリーの主・齋藤さんが出迎えてくれた。7年ぶりでも「覚えていますとも！」とありがたい言葉だった。「ワークショップをしているところなのよ」とおっしゃるので、齋藤鍼灸院のその後をお尋ねすると「2階にいるでしょう」と息子さんの鍼灸師・齋藤友良さんの変わらぬ活躍を教えてくれた。

そっと階段下から覗くと、当の友良さんが出てきた。「あれからの変化はあまりないなー、でも、国際会議があって、そこで発表したのですよ」と、そのときの楯を見せてくれた。２０１６年11月、つくば市で「世界国際鍼灸学会」が開催され、友良さんたちは、鍼灸師4名でチームを組み、打鍼について発表したのだ。

楽庵の斎藤さんは、江東区の小さな鍼灸院から世界を見つめ、世界に向けて東洋の技術を発信している。

国際学会で東洋の医術を発表した（17.03.18）

チャレンジするアート ❹

アーティストたちのメッセージ

無人島プロダクション
吾妻橋ダンスクロッシング

→p56

取材時は松田修展を開催中（17.07.20）

2010年に訪ねたとき、「SNAC」を共同でプロデュースしていた「吾妻橋ダンスクロッシング」の桜井圭介さんは、15年5月、清澄白河での活動を休止してスペースを移すことにした。無人島プロダクションのアーティストが増えて展示も増え、「共存」することが難しくなったのだ。

スペース探しに手間取ったが、17年4月、三鷹にスペースを見つけ、「SCOOL」という拠点を構えた。ここは、代表の桜井さんの吾妻橋ダンスクロッシングと佐々木敦さんの「HEADZ」（音楽レーベル）が共同で企画・運営するスペースとなった。さまざまなジャンルのイベントを実施していく予定だという。

「清澄白河は『下町』ならではのよさがあった。三鷹でとりわけ困っているのは、安くておいしい飲み屋がまだ見つかっていないことだな」と桜井さんは笑っている。

清澄白河では、「無人島プロダクション」の藤城里香さんが企画・運営するギャラリーとして、活動を続けている。香港など、海外での展覧会やアートフェアに参加する機会が多くなり、世界に向けて活動は広がっている。

日本の下町から世界に向けて発信する「アートからのメッセージ」。伊能忠敬の挑戦のように、アーティストたちの未知の世界への挑戦は続き、それをプロデュースする藤城さんや桜井さんたちのチャレンジは、今も変わらず続いている。

資料館通りに面する無人島プロダクション（17.07.20）

まちを引き継ぐ①

変わらないまちへのまなざし

よしの園
→p44

「清澄長屋」の一角、よしの園を7年ぶりに再訪した。店の前に置かれた自転車や「よしの園」と書かれたのぼりなど、たたずまいはまったく変わらない。お店のガラス戸を引き開けると、店主の高木さんがこれも以前と変わらないお顔を出してくれた。

「娘の家族は、いま、区内の別の住まいにいるの。でもしょっちゅうやってくるのよ」とのこと、あのとき、6歳くらいだったお孫さんももう中学生になっているはず。お店で販売しているお茶、お道具など、商売の様子はまったくそのままだ。高木さんのまちへのまなざしは、7年の歳月を経ても変わらずあたたかい。

よしの園は「清澄長屋」の北から３軒目（17.03.18）

変わらない店の外観（17.03.18）

よしの園の女主人・高木さん（17.09.06）

まちを引き継ぐ ❷

池も緑も「昔のまま」

常盤湯→p60

富士山の絵も健在（17.04.25）

　7年前に取材させていただいた山本安雄さんは、めでたく百歳を迎えられた。中庭にある池と植物、悠々と泳ぐたくさんの鯉は変わらず、身近な憩いの場となっている。庭のツツジは花盛りだ。男湯と女湯にかけて描かれた浴室の大きな富士山の絵もそのまま。

「お客さんはあまり増えないね。銭湯ってのは、しょっちゅういろいろ新しいものを入れていかないと、あきられてしまんだよ。ここは何もやっていないからね」。というのが、ちょっと自嘲気味の常盤湯の現状だそうだ

縁台に腰掛けて池の鯉を眺めるのが湯上がりの楽しみ（17.04.25）

　あわただしい現代社会のこと、湯船にゆっくりつかったあと、ゲーム機の騒がしい音やチラチラする映像に邪魔されないで、のんびりと、緑の木々や悠然と泳ぐ鯉を眺めることこそ、「くつろぎの本領だ」と考える人も多いのではないか、とも思われる。コミュニティの憩いの場は、「新しいもの」ばかりで構成されるのではない。「昔のまま」という要素がどこかに存在するのはコミュニティの大事な要件なのだ。営業終了時間は、「23時30分から23時へと変更になった」とのこと。

宮大工が手がけた脱衣場の格天井（17.04.25）

今も健在 家族がつなぐ 伝統の味

御菓子司 双葉→p72
割烹みや古→p80

双葉を経営する森堅一さん（17.06.20）

御菓子司「双葉」は、6年の歳月が経ったことをまったく感じさせない、「あのとき」のままだった。赤や水色の幟も、店の前に置いたバイクも、「御菓子司」と染め抜いた紺色の暖簾も、菓子匠双葉と書いた絵馬風の看板も。赤飯、最中をはじめ、たくさんの商品名を書いた紙もガラス戸いっぱいに張ってある。「水まんじゅう　あんず入り始めました」の張り紙があって、今年も水まんじゅうの季節が来て、変わらず水まんじゅうを作っていることがわかる。

6年前と同じように店の前にバイクが（17.06.20）

ガラスの引き戸を開けて中へ入ると6年前「息子さん」だった堅一さんは、習字の練習中。「『おしながき』って、書かなきゃならない時もあるからね」とのこと。手書きの張り紙の字が輝いて見えた。「おやじもおふくろも、戦力になってもらわないと、店が回らないからね」ということから察すると、6年前のご主人夫妻はご健在なのだ。「連れあいは『出稼ぎ中』だけどね」ということから、堅一さんがご結婚されたこともわかる。一家で運営する小さなお菓子の店。江東区にはこうした「家族経営」のお店が多いように思う。これがまちをあたたかくしているのだというのは理屈のつけすぎだろうか。

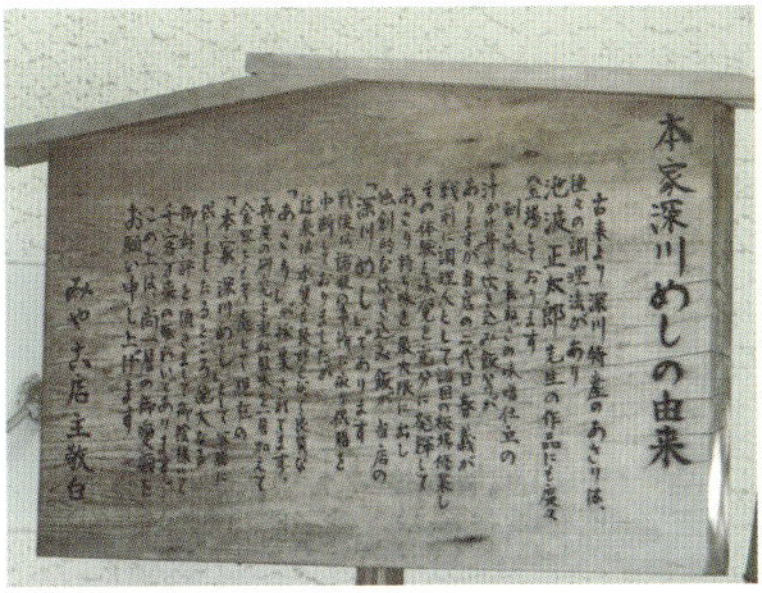

「本家深川めしの由来」が入り口の壁に掲げられている（17.04.25）

「深川らしさ」を演出する入口の風情（17.04.25）

まち歩きの昼ご飯には、「みや古」に行き、落ち着いて「深川めし」をいただこうと決めていた。店構えも、中に入っても、ここは、まったく5年前と変わらない。昼をだいぶ過ぎたので、座敷に座るお客さんはあまり多くないが、われわれと入れ違いに食事をすませて出ていった男性グループ、あとから入ってきた2人連れなど、相変わらずの人気のほどがうかがえる。

4代目の谷口さんは調理場で仕込みに忙しそうだった。お膳を運んできてくれた仲居さんに「あのとき、小学6年生だった5代目はどうなったの？」とそっと聞いてみた。「もう高校生になったけど、ちゃんと調理場で働いていますよ、ほら！あそこ」ということで下町伝統の味は、引き継がれていくことも分かった。まちもお店もこういう人たちに支えられているのだ。

下町情緒あふれる座敷（17.04.25）

深川めしのランチセット（17.04.25）

変わるまち、変わらないまち ❶

住まいのまちの「あれから」

大島６丁目団地。中央広場の上を泳ぐ鯉のぼり（17.04.24）

「はるか江戸の昔から、一貫して居住機能を満たすことを引き受けてきたまち、それが江東区である」（『もっと江東感じたい』江東区発行・1994年参照）と書いたこともあって、「住まい」の「あれから」は、大変気になった。

たしかに豊洲を中心に超高層の住宅が増えた。「垂直のまち」の今後はどうなるのか。大きな課題であり、新しいまちの新しい姿である。しかし、この『カルチャーナビKOTO』で取り上げてきた住宅（集合住宅）のほとんどは、10年もの歳月の経過をものともせず、変わらぬ姿を見せてくれていた。

大島地区の集合住宅（p14）、清洲寮（p16）、清砂通アパート（p18）、古石場住宅（p20）、木場公園三好住宅（p22）のいずれも、10年前とまったくと言っていいほど、同じ佇まいを見せているのだ。

大島６丁目団地の緑陰（17.04.24）

古石場住宅の再開発（17.04.18）

清洲寮（17.03.18）

もっとも、大島地区や木場三好住宅のように、一定のひろがりを持った住宅地では緑の成長が目立った変化だともいえる。それは、これらのオープンスペースが、「住まい」を「まち」になじませるための重要な鍵となっていることを確認することにつながった。清砂通アパートや、古石場住宅のように、超高層の住まいとなると、もはや足元の緑とは関係が持ちにくい。緑がなくても、3階建ての清洲寮のように、ペンキの塗り替えなど、きちんとメンテナンスがされている場合も含めて、やはり「10年前とまったく変わりない」と言えるのである。

まちの中に「時の流れと関係なく、変わらない場所がある」ということがコミュニティのひとつの条件となるのではないだろうか。

清砂通アパートの再開発（17.03.18）

木場公園三好住宅（17.03.18）

木場公園三好住宅の中庭（17.03.18）

「水と緑」は今も変わらない

桜満開の南砂緑道公園（17.04.03）

江東区のまちで、「歳月の経過をものともせずに、変わらない姿を見せているもの」には、住まいのほかにも、「水と緑」がある。水面や並木の変化は、「埋め立て」、「道路化」など、都市の拡大とともに起こりがちな、無秩序な開発の産物と結びついていることが多いから、この変わらぬ姿を確かめるまではかなり不安だった。

江東区の「水と緑」は、「人の手」によってできたものが多い。運河や緑道だ。特に桜は、とっておきの景観を生み出している。

仙台堀川公園（17.04.03）

南砂緑道の桜（p26）は、今年も満開を迎えた。少し早目の時間帯だったため、お花見の人出はまだだったが、それでも、ブルーシートを敷き、夜の花見に備えて場所取りをする人の姿も見えた。繰り広げられる宴会は、家族や隣近所、友人、同僚など、上野公園とはまた違ったコミュニティの憩いの場所として欠かせないものだろう。

横十間川親水公園・尾高ボート乗船場（17.04.01）

大横川に架かる巴橋
（17.05.11）（撮影：松本敏勝）

大横川の水面を流れる「花筏」の風情も江東区だけの特別の風景だろう。この水面に沿って建つ前川製作所（p36）も変わらないたたずまいを見せていた。このシンプルで美しい社屋は、水と緑とコミュニティをつなぐ重要な場所、公開空地を持つことによって、見事にこの場になじんでいる。

中瀬家の屋上菜園（p58）も健在だ。やすらぎ通り（p63）や横十間川親水公園の尾高ボート乗船場も、ほとんど7年前と変わらない姿を見せている。

大型店アリオの緑（17.04.01）

ここに集う野鳥たちも安心しているに違いない。大型店舗に植えられた緑の木々（p64）も、成長した。「水と緑」の価値がコミュニティに共有されていることがわかる。

江東区の水との戦いの歴史を示す「水準標」（p30）の数も、設置場所も変わらず管理されている。近年のまちには新しい形の水害も見られるようになった。住民たちの安心を支える水準標は、変わらず、コミュニティの大切な財産だ。

しっかりメンテナンスされている深川公園の水準標
（17.04.18）

下町の味は時をこえて

江東区を特徴づける「下町の味」の第一には、亀戸大根などの江戸野菜がある。ほぼ10年を経てその現在を確かめてみると、志演《しのぶ》尊空《そんくう》神社の野菜の促成栽培の説明板はそのまま立っていた。東砂の因速《いんそく》寺にある、促成栽培の先駆者、松本久四郎のお墓もそのままだ。生き生きとした花が供えられていて、変わらずお参りが続いていることもわかる。（p76）

第二亀戸小学校の亀戸大根栽培も続いている。当時の田中校長先生も、續橋副校長先生も異動されたが、栽培に取り組む活動は続いている。「『ふるさと東京』のことを自分の手で育てる作物を通して知ろう」とする活動だ。（p74）

海苔の資料も植草さんの手元に大切に保存されている。（p78）

「双葉」の水まんじゅう（p72）や「みや古」の深川めし（p80）も、そのままのスタイルで営業が続き、次代の後継者がその味を守ろうとがんばっている。こうやって時代を超えて引き継がれていく味も、コミュニティの伝統を支える大切な構成要素なのである。

志演尊空神社では町会のラジオ体操が行われているようだ（17.04.07）

因速寺正面（17.04.24）

因速寺にある松本久四郎の墓（17.04.24）

水辺のまちに生まれ、ここで働き、生き、このまちを愛した内海三郎さんは、焼け野原となったこのまちに立ったとき、このまちを見続ける視点を獲得した。内海さんのカメラのレンズは、ここで暮らす子どもたちや女たち、まちを支える人びとのささやかな日常をそのままとらえた。生活の場は撮影の現場であり、撮影の舞台でもあった。何気ない会話や歓声、涙や笑い声が聞こえるような何枚もの写真。内海さんの写真には、「物語」がある。まだ生まれていなかった人にも懐かしい、昭和30年代の写真に、私たちはこのまちが持っていた限りないやさしさを見つけることができるのだ。

第3章は内海三郎さんが撮影した主として昭和30年代の写真である。「写真は語る①~⑳」は2012年4月~2015年6月まで『カルチャーナビ KOTO』に写真に文章を寄せるかたちで連載したものであり、㉑~㉖は今回の出版に際して加えたものである。

第3章

内海さんの江東

写真は語る❶

まちかど

紙芝居屋の呼び太鼓に誘われて、子どもたちが集まる。走りながらやっと追い付いている小さな子、すでに自転車の傍で始まるのを待っている子、買い物帰りらしい女性……。一人ひとりの声が聞こえてくるような「昭和30年代」のまちかど。

内海さんは第1章「まちへのまなざし」（p46）でも紹介したように、江東区に生まれ、江東区をみつめて歳を重ねられたカメラの達人。レンズから江東区のまちに注ぐまなざしは限りなく暖かい。今回は同潤会清砂通アパートメント屋上から撮られた「まちかど」。関東大震災の復興事業として昭和の初めに建設され、解体まで70数年余の寿命だったこの集合住宅は、内海さんの住まいでもあり、撮影の舞台でもあった。

（2012年4月）

写真は語る❷

屋上

「屋上で遊ぶ子どもたち」というのが内海さんの正式タイトル。いったいこの子どもたちは、どうやって屋上に上がれたのだろうか。屋上には手すりも柵もない。今だったら「危ない！」と金切り声が聞こえそうな写真だが、いかにも楽しそうに屋上で踊る（？）子ど

もたちはお構いなし……。昭和30年代には、「屋上」は子どもたちの格好な遊び場だったのだ。

建設中のスカイツリーの350メートル高さの展望台に上がらせていただく機会があった。高所恐怖症気味の私には、なかなか大変な冒険だったが、上がってみると、見渡す限り模型のようなまちの「屋上」。その屋上にはまったく人影が見えない。「安全」とひきかえに、私たちは「屋上」の生活を失ったのかもしれない。

（2012年6月）

写真は語る❸

祭り

この写真には「祭りだ　祭りだ　祭りがやってきた」という内海さんのタイトルがついている。借りものらしい小さなトラックの荷台にあふれそうになるほど乗り込んだ大人たち。ほとんど飾りらしいものもない太鼓。男たちは、ゆかた、笠、「清砂」と書いたうちわなど、一応衣装は揃えているが、どれも簡素なものだ。

荷台にぶら下がったりしながら、ぞろぞろとトラックを追いかける子どもたち。ランニングシャツや半ズボン、上半身裸の子もいる。暑い日なのだ。トラックの進行方向には、「簡単服」姿の女性たちが子どもとともに太鼓神輿が来るのを待っている。ぜいたくはできなくても、祭りをみんなで楽しむ幸せな日々があったころ──私たちの「遠い昨日の」写真だ。

暑い日が続き、もうすぐ私たちの現代のまちにも「祭りの季節」がやってくる。

（2012年8月）

砂清
0398

写真は語る❹

アパートの花嫁

映画のようなタイトルをつけられたこの写真も、昭和30年代のまちの空気をあますところなく伝えている。家から出発して式場に向かう花嫁さん一行のように見えるが、内海さんの解説はまったく違っている。「これは、『あいさつ回り』といって、近くの神社などで式を挙げた後、花嫁さんを連れまわして近所の人たちに紹介している風景」なのだそうだ。

ホテルや教会、式場などで大勢の友人や関係者を招いて式をあげ、新婚旅行に出発したりすることが多い昨今の結婚式事情と違って、これから住む近隣で、新しい住み手を迎える、コミュニティのならわしがあったのだ。

やや緊張して花嫁の手を引くお仲人さん、満面の笑みで得意そうな母親、黒の「お引き」振袖の褄《つま》をとりながら、うつむき加減で一歩一歩あゆむ花嫁。「おめでとう!きれいだね」「おかげさまで……」というやりとりまで聞こえてきそうだ。数えてみると20人ほどの人が集まっているのがわかるが、全員女性。内海さんの女性に向ける優しい視線がある。

（2012年10月）

写真は語る❺

「おとこ」の地域活動

お正月を控えて同潤会清砂通アパート「6号館」の餅つき大会。12月の写真だ。杵を振り上げる人と手際よく水をつける人。明るい日差しの中で、搗《つ》き手と合いの手の呼吸はぴったり。もち米を蒸かす人、見守る人。待ち遠しそうな子どもたち。もうひと臼も

出番を待っている。フレームの中の人は、ここでは圧倒的に男性が多い。どの顔も楽しそうに微笑んでいる。男性が地域社会の中で、きちんとそのポジションを持っていたことがわかる。都市のコミュニティから男性を引き離し、地域との関係を薄めたのは、その後の高度経済成長がもたらした結果のひとつでもある。

（2012年12月）

写真は語る❻

紙芝居

寒い日にちがいない。子どもたちは厚着し、中にはポケットにしっかり手を突っ込んでいる子もいる。でも、足元はいろいろ。裸足の子どももいる。頭上には、浴衣をほどいて作ったことが一目瞭然のおむつの洗濯物……。人形をおんぶしたり、紙芝居のおじさんから買った飴（?）を

しゃぶったりしながら、彼らの日は一様に真剣だ。その視線の先にあるのは、街頭紙芝居の舞台。これが見えていないのに、あえて「紙芝居」とタイトルをつけたところに、実は内海さんの「こだわり」がある。

写真は語る❶でも紹介したように、「街頭紙芝居」は、戦後の子どもたちの娯楽の中心を占めていた。テレビに押されてすっかり影は薄くなったものの、今でも隠れたファンも多いと聞く。

子どもたちの情報交換のツールとして、このまちかどのメディアは、私たちに心豊かな気持ちを与えてくれる。

（2013年2月）

写真は語る ❼

汽車会社のあったころ

「江東区に汽車を造る工場があった」といっても、いまや知っている人は少ないはずであるが、実は戦後の一時期、内海さんの職場でもあった。汽車製造会社の工場全景の航空写真（１９６０年ごろ。内海三郎さん提供）から始めたい。

汽車製造会社は、会社形態をいろ

いろに変えながらも、1896（明治29）年から1972（昭和47）年まで存在した鉄道車両メーカーだった。28（昭和3）年ごろから江東区南砂町（現在の南砂2丁目）に工場を建設、59（昭和34）年に制定された「工場等規制法」の影響を受けて65（昭和40）年に移転するまで、いくつもの鉄道車両を製造した。東海道新幹線の初めての車両もここで造られている。

　左下隅から右方向に延びる道路は永代通り、右上斜めに走っているのが明治通りである。当時、永代通りは明治通りとぶつかるところで止まっていた。S字形に湾曲している左側の道は都電の線路で、現在は、緑道公園になっている。工場跡地には、公営住宅、学校、保育所などが建設され、今に至っている。

（2013年4月）

写真は語る ❽

汽車会社のあったころ

慰安旅行

「汽車製造株式会社」と大きな標識（門柱？）のある敷地の入り口に集まる人びと——いったい何をしているのか。待機するたくさんのバス。制服を着た運転手さんらしき人、白い襟と帽子のガイドさんらしき人。バスに乗り込もうとするおおぜいの人びと。笑ってい

る人、話しこむ人、ずっと向こうの方まで続いている。結構寒そうだが、内海さんの記憶では5月の写真で、現在の永代通り江東運転免許試験場前（新砂一丁目）バス停付近から東陽町駅前方面を望むもの。

種明かしをしてもらうと、この汽車製造会社の「慰安旅行」だそうだ。「慰安旅行」はもとより、いまは「社員旅行」すら死語に近い。

内海さんが撮影・記録し続けたのは、路地や原っぱ、運河と水面、長屋などのハードに限らず、人びとの生活の中にある喜びや楽しみ、つまり今はもう失われてしまった習慣や行事などのソフトも含まれている。「超高層のビルなぞ1棟もない」時代だった。

（2013年6月）

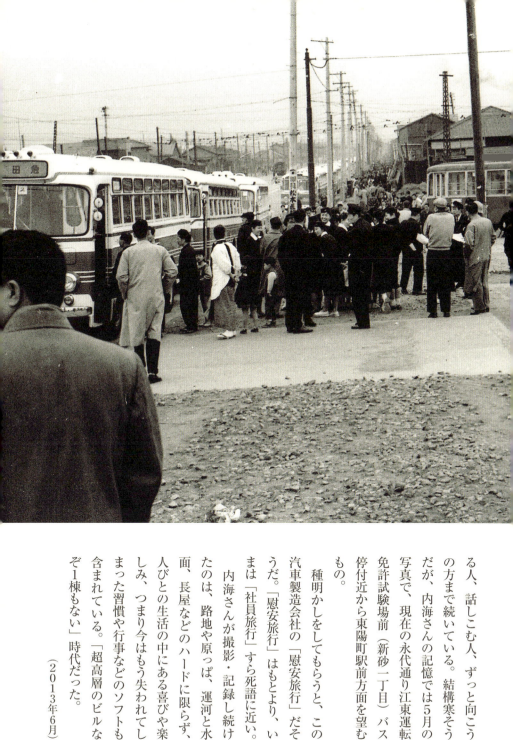

写真は語る ⑨

汽車会社のあったころ

野球と汽車会社

板塀は隙間だらけ――それぞれの背の高さに見合った隙間から熱心にみつめる視線の先には、汽車会社の「グラウンド」で「野球」が行われている。手前には大きな水たまり。3人、いや4人の影はきっちり逆さまになって映っている。いまやほとんど姿を消した、「失われた時間と空間」をとらえた懐かしい写真だ。

野球が日本に伝えられたのは、1872（明治5）年、「お雇い外国人」として来日したホーレス・ウィルソンによるといわれているが、普及に貢献したのは平岡熙《ひろし》である。汽車の車輌製造技術を学ぶために渡米した平岡は、帰国に際し野球の指導書を持ち帰り、勤務した工部省鉄道局内に日本初の野球チーム「新橋アスレチック倶楽部」を結成し、ユニフォームを作ったり、野球場を造成したり、指導にあたったりした。

この平岡熙こそ、内海さん

が撮り続けた汽車製造会社の副社長となった人である。東京ドーム内の野球殿堂博物館には、1959（昭和34）年殿堂入りした第1号の人たちに交じって平岡熙がおさまっている。江東区の先進性を象徴する人物だともいえる。

（2013年8月）

参考資料
（公財）野球殿堂博物館『野球殿堂2012』

写真は語る ⑩

汽車会社のあったころ

塀の内側

隙間から覗かれていた塀の内側で行われている「野球」の写真である。草ぼうぼうの中なので、本当の「草野球」といわれそうだが、前述したように、この敷地にあった汽車会社の副社長となった平岡熙《ひろし》は、鉄道局勤務時代にアメリカから野球の指導書を持ち帰り、日本国内に広めた人でもある。

内海三郎さんによると、この野球場の背景となっている建物は汽車会社の「社宅」で、原っぱでは「シーズンともなれば、雑草などを除き、グラウンドとして整備し、軟式野球地区大会などの熱戦が繰り広げられた」そうである。「社宅」は、この試合を観るには

最適の観覧席だったに違いない。

いうまでもなく「社宅」は、従業員の福利厚生のひとつとして、会社が用意する住宅であるが、最近は社員の個人志向も反映して、あまり流行らなくなっているそうだ。洗濯物をいっぱいに干した「社宅」も、また失われつつある風景かもしれないが、江東区が「集合住宅のまち」となる証は、ここにもみられるのである。

（2013年10月）

写真は語る⑪

汽車会社のあったころ

洗濯物の情景

これも社宅の風景である。青空高くひるがえる洗濯物。「38番」の都電は社宅を横目に錦糸堀をめざす。いったいどうやってあんな高くに洗濯物が干せたのか、いやいやちゃんと竿を空高く持ち上げる「手」があったのだ。

犬を遊ばせながら話しこむ人、集まってなにか熱心に相談する子どもたち。向こうの方ではやはり物干し場の下で、洗濯物を干し終え、庭木の手入れをする女性がみえる。社宅の姿もこれは木造平屋建て。ベランダ一面に洗濯物が干されていた「写真は語る⑩」の集合住宅とはまた

違って、空にひるがえる洗濯物にふさわしい建築だ。
「洗濯」は、昔から家事労働を代表するものの一つだったが、1950年代後半から「三種の神器」として、テレビや冷蔵庫とともに洗濯機が普及してから、その労働時間を一挙に減らした。いまや乾燥まで続けてできる洗濯機が一般的になっていて、「物干し棹」はもはや見られない。
区内にいまもその痕跡を残している「都電」が荒川線を残して姿を消したのは1967年だから、この写真の都電も、洗濯物と同様に、この先、それほど長くない運命にあったといえよう。
（2013年12月）

写真は語る⑫

汽車会社のあったころ

憩いの緑

「汽車会社のあったころ」のテーマの最後には、どうしてもこの写真を選びたい。緑陰のベンチで談笑する数人の人びと——普段着、手押し車、スニーカーや下駄履きなど、木漏れ日の中でご近所のいつもの仲間の、楽しい会話がはずんでいる様子だ。お互いの間の微妙な距離も、この人たちのおつきあいの関係をよく表現している。

談笑の場所になっているベンチと緑陰は、「汽車会社」の敷地の周りを走っていた都電敷の後の「南砂緑道公園」で、整備されて間もない頃の写真だと思われる。1917(大正6)年から敷設が始まった「城東電車」は、延線しな

から緑道公園の区間も含み、汽車会社の移転後も72(昭和47)年に廃線になるまで55年間働いた。汽車会社の敷地を囲むように延びていた専用軌道は、内海さんによると「ヨシだかアシだかがぼうぼうに茂っていた」そうだが、その跡が南砂緑道公園として整備されたわけである。

写真に見る美しい緑陰は「人の手で創り出した自然」であり、江東区の多様な緑の在り方の一つとして、貴重な憩いの場を提供している。

(2014年2月)

写真は語る ⑬

コミュニティの中の小学校

始業式と桜

元加賀小学校の校庭に集まる子どもと先生たち。となりの小公園の樹木のすきまからその様子を見守る子どもを抱いた母親――内海さんのメモによれば2013（平成25）年4月8日の始業式である。もう1枚はこの公園の満開の桜の下でお弁当をひろげる一家。テーマを象徴する2枚の写真から始めたい。

元加賀小学校は、そのホームページによると、1907（明治40）年に開校した伝統ある小学校。三好3丁目にあったそうだが、23（大正12）年の関東大震災で全焼、27（昭和2）年に現在の場所に新築されたとなっている。その後も建て替えや耐震補強などを経て、現在の校舎となったのだそうだ。

関東大震災の後、小学校と小公園をセットで整備した「復興小学校」は東京の被災地区を中心に50を超える場所に造られた。「避難場所」「遊び場」「小学校の校庭」などさまざまな利用イメージを含んで造られた小公園は、小学校とセットにすることによって「コミュニティのための場所」となることが意図されていた。

撮影者の内海さんは、自身はもちろん、兄弟、子どもたち、孫など、親族だけで8人がこの小学校の卒業生だそうだ。

（2014年4月）

元加賀小学校

写真は語る ⑭

コミュニティの中の小学校

鯉のぼりは？

ぜひ載せておきたいので、少々時季外れであることをお許し願うとして、今回は「校庭に泳ぐ鯉のぼり」の写真である。この頃、まちに鯉のぼりを見かけなくなったような気がして、それを確かめに、子どもの日の前日5月4日、快晴の江東区を歩いてみた。

庭に太い柱を立てて大きな鯉のぼりを泳がせるような風景は、集合住宅のまちである江東区に期待してはいなかったが、少子高齢社会のためか、落下を心配してか、ベランダや窓からのぞく小さな鯉のぼりすら、ほとんど見かけないことに改めてびっくりした。

大島6丁目団地まで来てみると、ようやく、高層棟2つの屋上をつないで、30尾近い鯉が青空に泳いでいるのを見ることができた。中央広場には青空市も出ていて、屋台などで賑わい、鯉のぼりはあまり注目されていないながらも、近隣関係が廃れていないことを証明しているよ

うにもみえる。

元加賀小学校まで来てみると、内海さんが昨年撮影したこの写真から期待していた鯉のぼりはなかった。何かの都合で今年はやめたのか——まちに鯉のぼりが元気に泳ぐ姿は、いつまでもみたいものである。

（2014年6月）

写真は語る⑮

コミュニティの中の小学校

コミュニティと防災

元加賀小学校に隣接する元加賀公園で行われている防災訓練の写真。制服姿の数人の男性たちの背中の文字は、「東京消防庁 TOKYO FIRE OFFICE」と読める。集まったのは、近所の人たちと見られる10数人。普段着の気楽なスタイルで、赤ん坊を抱いたり、子連れだったり、それほど気合いを入れていないようにも見える。ごていねいに、右端の女性はこの風景をカメラに収めようとしている。

しかし、のんびりしているように見えても大切な訓練、日常的に発揮できない力は、いざというときに発揮できるものではない。自分たちの地域は自分たちで守る！という気持ちが、この訓練への参加につながっているのだ。

災害の発生に際して、プロフェッショナルの力が期待されるのは当然だが、それにもまして大切なのは、コミュニティの「防災力」だ。関東大震災からの復興に際して、公園と小学校

がセットで建設されたのは、避難場所としての利用ばかりでなく、防災力を育成する場としての利用も意図されている。内海さんの写真は、コミュニティの核としての「公園と小学校」のあり方を具体的に表現している。（２０１４年８月）

写真は語る ⑯

コミュニティの中の小学校

小学校と公園

まちのあちこちから運動会のアナウンスが聞こえてくる季節になった。運動会は「秋の象徴」だが、このごろは春に運動会を実施する学校も多くなり、一概に秋の象徴とはいえなくなった。しかし筆者の世代にとっては、運動会はやはり秋にふさわしい行事といえよう。

さて、内海さんの運動会を写した3枚の写真。1枚目、色鮮やかな赤い大玉は、勢いに乗って制御が難しく、来賓席のテント周辺まで迫った。子どもたちは必死でこれを支え、正しい方向に向けようと頑張っている。写真を撮ったり、小さな子どもを抱いたり、応援する家族の表情も楽しそ

うだ。「大玉送り」も昔から運動会の定番競技だった。

2枚目の写真は、大玉送りに備えて出番を待つ子どもたちが、小学校の隣の元加賀公園に整列しているもの。3枚目の写真はお昼時の公園の様子で、子どもとともに思い思いの場所を選んでお弁当をひろげる家族の様子が写っている。公園も時には学校の一部として使われることもあるわけだ。

小学校と復興小公園をセットで造り、ここが「コミュニティセンター」として機能することを意図した復興計画の設計者たちも、微笑んでいることだろう。（2014年10月）

おなじみの元加賀公園の初冬の夕方、子どもたちの影が長い。目の覚めるような紅葉。内海さんの写真はいつもながら、四季折々の江東区の情景を美しくとらえている。

子どもは総勢7人。何をしているのだろうか。友人をおんぶしている少年もいる。とにかく楽しそうだ。

内閣府のデータによると、10～14歳の子どもの「自由な時間」は、年々少なくなっているそうだ。手帳を持ち歩いて、塾から

写真は語る ⑰

コミュニティの中の小学校

子どもの時間と空間

習い事へと渡り歩く子もいるという話も聞く……。子ども同士が遊ぶ時間はなくなりつつあるのかもしれない。その上、遊び場となる空き地など、都心からはとっくに姿を消している。サラリーマンのように、手帳をみながら、「本日のスケジュールについて」打ち合わせる子どもの、子どもたちの、「時間と空間」は、どうなっているのだろうか。

都市の中に子どもの居場所を確保するのは、都市をつくり、またそこに暮らす人間の大事な作業だ。子どものいるコミュニティには、きっと豊かな明日がある。その点からも、小学校に隣接した元加賀公園の意味は大きい。関東大震災復興計画の先見の明に脱帽！（２０１４年12月）

写真は語る⑱

コミュニティの中の小学校

超高層時代に……

全国各地の雪便りがテレビに流れている。ブリューゲルの絵を思い起こさせるような内海さんの写真、裏面には、「2014年2月8日、2月9日」の書き込みがある。ちょうど1年ほど前の元加賀小学校と元加賀公園の写真である。インターネットで調べてみると、2月8日土曜日、江東区の天気は雪、積雪量は10センチメートルとなっている。翌日曜日は、一転、晴天だったわけだ。公園のあちこちで雪だるまを作ったり雪玉を投げたりして遊ぶ子どもたち。東京には珍しい「大雪」に、学校に隣接する公園は大賑わいだ。

公園と学校を囲むのは高層住宅群だ。元加賀小学校に通う子どもたちの通学路は、もしかしたら「水平」でなく、「垂直」に近いかたちになっているのかもしれない。超高層時代は小学校の生徒数をも増やし、日本全国の「少子化傾向」をよそに、元加賀小学校の生徒数は、近年増加の一途を辿っている。

人口増は公共施設の拡大やその後の縮小という永遠の課題を提起する。関東大震災からの復興計画を立てた先人たちは、こうした人口の東京一極集中時代を想像していたかどうか、「小学校と公園のセット計画」は、この課題に対する大きなヒントを出しているといえよう。

（2015年2月）

ベーゴマに、ひもの巻き付け方を教えている写真。内海さんによると、先生役を引き受けているのは、内海さんに写真についての知識や技術を教えてくれたり、寄席に誘ったりして遊んでくれた故・横川晴さん。「先生」の手元をみつめる子どもの目は真剣そのものだ。後ろではお母さんたちが見守っている。

　元加賀小学校の坪田校長先生に写真をご覧いただき、お話を伺った。「木下校長先生が写っている、10年くらい前の写真かな……」とおっしゃりながら、「江東区では、どの小学校も地域の『大先輩』たちに、『伝統』を教えてもらう機会を大切にしている」と話してくださった。さまざまな技術や知識をお持ちの地域の方を「ゲストティーチャー」として

写真は語る⑲

コミュニティの中の小学校

多世代交流と伝統

お招きして学習するという時間も、年に何回かつくっている。

核家族化が進み、祖父母や高齢者と接する機会が少なくなった子どもたちには、多世代交流はやさしい気持ちを育てると同時に、他者の視点を獲得することによって自己を理解することにもつながる、またとない機会となっている。地域の先輩たちも、「子どもたちに接することで元気をもらえる」と言ってくださる、双方にメリットがある。元加賀小学校では、いま、給食に地域の高齢の方々をお招きしたりもしているのだそうだ。

坪田校長先生もいわれるように、「小学校は、とにかく地域あっての学校」である。地域の交流の輪の中でこそ、コミュニティの伝統も引き継ぐことができる。（2015年4月）

写真は語る⑳

コミュニティの中の小学校

地域の音

ひっつめ髪にきりりと結んだ手ぬぐい——鉢巻被りというのだろうか。撥や楽器を強く握る手、足は砂が掘られていくほどしっかりと校庭を踏み、真剣なまなざしはその気合いを伝えている。元加賀小学校の和太鼓クラブの「熱演」だ。

坪田校長先生のお話を伺うと、和太鼓クラブは、「地元で指導できるものを」と

いうことで平成の初めにつくられたもので、ＰＴＡ活動なのだそうだ。部員の保護者たちがこのクラブの世話をしている。太鼓は音楽室に保管してあり、練習や発表の機会に、これを上げ下ろしするのも一仕事。保護者の協力がないととても続かない。春のこども祭り、江東区民祭りなど、年に何回かの発表機会があり、代々引き継がれている「元加賀」という曲もあるのだそうだ。

　和太鼓の響きは、魂をゆする。演奏者の心も聴衆の心も一つにする。東北の被災地があれほどの被災を乗り越え、復興に向かって少しずつでも粘り強く進んでいけるのも、東北地方が太鼓を初めいくつもの伝統芸能を持っているからに違いない。地域が「音」を持っていることは、その地域のコミュニティの力の表れのひとつなのだ。小学校はその中核に位置している。

（２０１５年６月）

写真は語る㉑

まちかどの子どもたち

① 道路は画用紙
②お姉ちゃんにおんぶ
③紙芝居
④竹馬にも乗れた

❷

❶

❸

4

5

⑤⑥アパートの正月
⑦6号館の花嫁
⑧入学式の朝
⑨旅芸人がやってきた

7

6

8

9

①祭り見物
②みんなで読もう
③花火大会の特等席
④夕涼み

写真は語る ㉒

アパートの屋上

4

5

7

⑤凧揚げ
⑥野球もできた
⑦休日カメラマン
⑧「僕も入れてよ」
⑨陽春——屋上で賀詞交換

6

8

9

写真は語る㉓

アパートの暮らし

①竿竹屋さん（11号館前）
②中庭清掃の日
③銭湯へ
④雨上がりの裏庭

4

①構内での作業
②東海道新幹線第１号車輌の家族見学会
③初代新幹線０系車輌の「ダンゴ鼻」
④新幹線開業の日・東京駅（1964 年 10 月１日）

写真は語る㉔

汽車会社の日々

③

④

写真は語る ㉕

清砂通アパートの再開発

① 清砂通アパート 1 号館遠望
② 1 号館の解体
③ ダストシュートなど竣工時の面影が残る
11 号館壁面
④ 2003 年 5 月、10 号館の解体始まる

⑤ 解体は進む
⑥ 10 号館跡地と引き抜かれた松杭
⑦ 10 号館の解体。鉄筋はすべて丸鋼
⑧高層住宅が立ち上がった

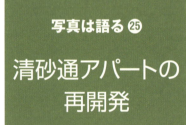

5

6

8

7

1

2

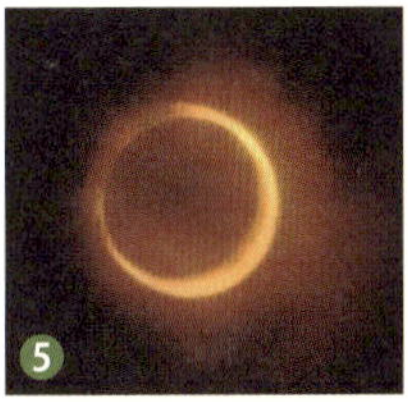

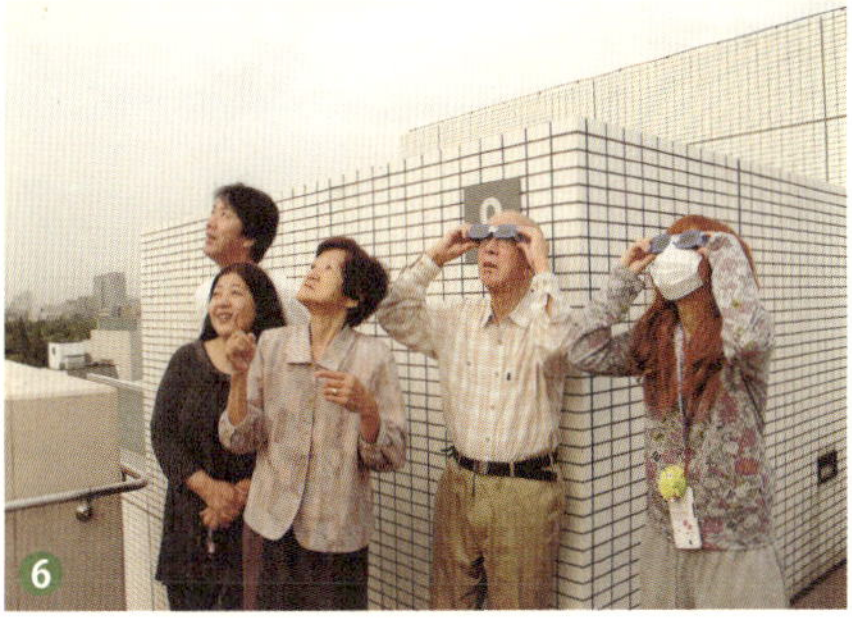

写真は語る㉖

未来をみつめて

①②内海さんは新居からスカイツリー工事の進行の撮影を続けた
③大横川沿いの新緑と④桜の季節
⑤⑥写真裏面の内海メモ：世紀の天体ショーに見入る我がファミリー

内海三郎／1924（大正13）～2016（平成28）。第2次世界大戦から復員後、カメラを手にし、江東のまちの日常を撮影した。写真は、数々の賞を受賞している。同潤会清砂通アパートに住み、同アパート再開発に際して、白河・三好地区市街地再開発組合理事長を務める。

［出席者］発言順

佐藤哲章 *SATO Tetsuaki*（元・江東区副区長）

奥野敏子 *OKUNO Toshiko*（元・江東区総務部参事）

小倉芳子 *OGURA Yoshiko*（元・江東区豊洲図書館長）

久染健夫 *HISAZOME Takeo*（江東区中川船番所資料館職員）

［司会］

松川淳子 *MATSUKAWA Junko*

第4章

座談会 江東のまちを愛して

行政からみた江東の魅力

左から久染さん、佐藤さん、奥野さん、小倉さん、松川。深川東京モダン館２階会議室にて

江東区に関わって

松川　本日は江東区のまちづくり全般に関わってこられた佐藤哲章さん、建築行政に関わってこられた奥野敏子さん、主に広報に関わってこられた小倉芳子さん、そして現在も文化行政に関わっておられる久染健夫さんに、深川東京モダン館にお集まりいただきました。一区民として、また行政に関わった立場から江東区への「愛」と「未来」を語っていただきたいと思っています。はじめに自己紹介も兼ねて、江東区に関わられた頃のことや印象に強く残っていることなどをお話いただき、次にみなさんが江東区に寄せる「愛」とその理由を、そして魅力のポイントになっている人びとの「絆」について、最後に、市場移転やオリンピック・パラリンピックの競技会場として再び大きく変わろうとしているこれからの江東区の「未来」についてお話をいただければと考えています。

佐藤　私が生まれたのは隣の墨田区本所なんですが、なぜか江東区に惹かれて１９７４（昭和49）年に区の職員になりました。その頃は海側をさらに埋め立てていましたので、まちづくりの可能性を感じたんですね。最後は副区長で退任しました。私が入庁する前から工場移転は進んでいて、その跡地を都営住宅や公団住宅へ再開発していました。集合住宅の出現によってまちはどう変わったのかを整理しようと80（昭和55）年に『集合住宅白書』という報告書を作りました。大工場の移転と運河や海の埋め立て、そして大規模集合住宅の建設、あの頃がいちばん江東区が変わった時期でした。平らな「水のまち」だったのが、高層住宅と水と

図2　昭和31年当時の工場群

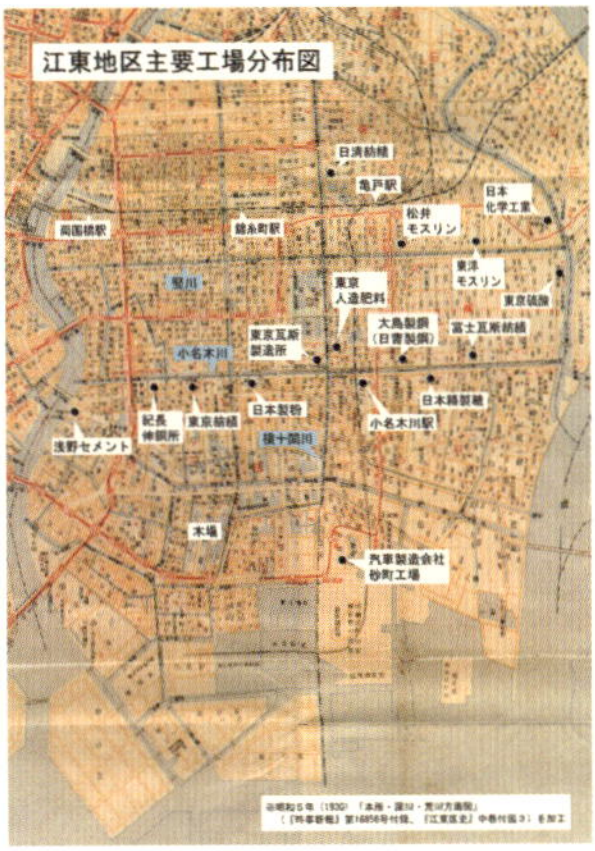

図1　江東地区主要工場分布図

緑のネットワークのまちになった。まちの骨格ができた時期に、私は役所にいたんですね。

奥野　私も入庁したのは74年です。建築専門職として、女性第1号でした。庁舎、集合住宅、スポーツ施設、図書館や深川東京モダン館のような文化施設、小中学校等の教育施設など、建築に関わる仕事に定年まで携わってきました。江東区は戦後、深川区と城東区が合併してできたのですが、各地区に偏りのないように施設をつくっていきました。在職していたときに、毛利・住吉や清砂通りの同潤会アパート、東京市営の古石場住宅などの再開発事業に関わりました。歴史的な建物を残したいという区民の声もむろんあったのですが、そこに住んでいる人たちの安全への不安が大きくて、建て替えることになりました。ただ、深川東京モダン館は住宅ではなかったこともあって、改修して残すことができました。

この建物は東京都から移管されたので、区には図面がなく、地下まで掘って調べましましたが、幸い構造は大丈夫ということで、壊さずに残すことができました。古い建物を壊して高層住宅に建て替えてきた私が、唯一、保存再生できたのが、この深川東京モダン館です。

松川　ちょうど江東区が市街地再開発の時代に入っていた時に入庁されたので、奥野さんは「壊し人」になってしまいましたが、同潤会清砂通アパートに住んでおられた内海三郎さんは「古くなっているので心配でしょうがない」と私におっしゃっていました。

小倉　私は69（昭和44）年に、東京都の事務職採用で江東区にきました。ちょうど大島4丁目団地ができた頃

『もっと江東感じたい』1994年
江東区役所企画部企画課発行

図3　夢の島埋立処分場（昭和40年頃）

で、当時、家賃は私の月給とほぼ同じくらい。憧れの高級住宅でした。69年は地下鉄東西線が東陽町から西船橋まで開通し、これから発展していくという息吹きが感じられた時でした。

新規採用者の研修で区内の施設を見学したのですが、建物が段差で沈み込んでいた夢の島清掃工場や、ごみが空中に舞っていた中央防波堤のごみ埋め立て処分場、さらに砂町下水処理場を案内されたのです。施設見学後の感想文に「江東区は東京都の汚物処理場ではないかと思う」と書いたんです。でも逆にそのことが、江東区をもっといいまちにしたいという気にさせてくれたんだと思います。

定年までいろいろな部署にいきましたが、一番長く在籍したのは広報課です。広報課では多くの区民の方にお目にかかる機会が多く、さまざまなお話を聞かせていただく機会に恵まれました。これが私の江東への「愛」を深めた素になったのだと思います。

その後、地域振興会（現（公財）江東区文化コミュニティ財団）にも6年いましたが、そこでも地域の方とのおつきあいがありました。その他にもサービスアップ、カルチャーアップ、イメージアップを目標に11のプロジェクトを立ち上げた「スリーアップ江東」事業では、松川さんにもご尽力いただいた『もっと江東感じたい』という本の刊行にも携わりました。縁あって江東区の職員になり、定年までそして現在の生活の場も江東区です。ほぼ半世紀になります。

久染　私は文化財保護の専門員として85（昭和60）年に江東区に来ました。それ以前は荒川区で同じ仕事についていました。その頃、目黒区、渋谷区、

図4　小名木川遠望（昭和40年頃）

図5　仙台堀川・冬木（昭和34年頃）

世田谷区などは文化財保護条例を作っていたのですが、江東区にはまだなかったんです。開発が進んでいましたので、文化財登録制度を設けて、まず重要な文化財は登録しておいてそこから残すものを考えようという2階建ての制度が採用されました。その頃はまだ文化財として登録しなければならないものがたくさんありました。その後、90（平成2）年に江東区文化コミュニティ財団に入りました。東大島、森下、東陽町などのそれぞれの文化センターで仕事をしました。

その後、深川江戸資料館勤務を経て、現在は小名木川を渡る船の取り締まりを行った中川番所を再現して、水運や区の歴史資料を収集・保存、展示する中川船番所資料館にいます。言ってみれば、江東区の「時間」の環境整備をずっとやっています。

私は大島3丁目で56（昭和31）年に生まれたので、工場跡地に団地ができていく姿を身近に眺めていました。ですからまちの移り変わりの中で、いちばん印象に残っているのは工場移転です。工場の敷地の隅で遊んでいましたが、ある時、そこに背の高い住宅が建ち上がっていくんです。当時、風呂屋に行けば、工員さんと一緒に湯舟につかっていたり、工場の中にもお稲荷さんがあったり、初午の祭りを工場がやるんです。工場の人たちは地域の人たちにも気遣っていたんですよね。

松川　工場と地域の関係が密だったんですね。

久染　工員さんたちも工場の周りに住んでいましたからね。

松川　久染さんの身体に染み込んでいる江東区の記憶は、工場と水のまちなのですね。

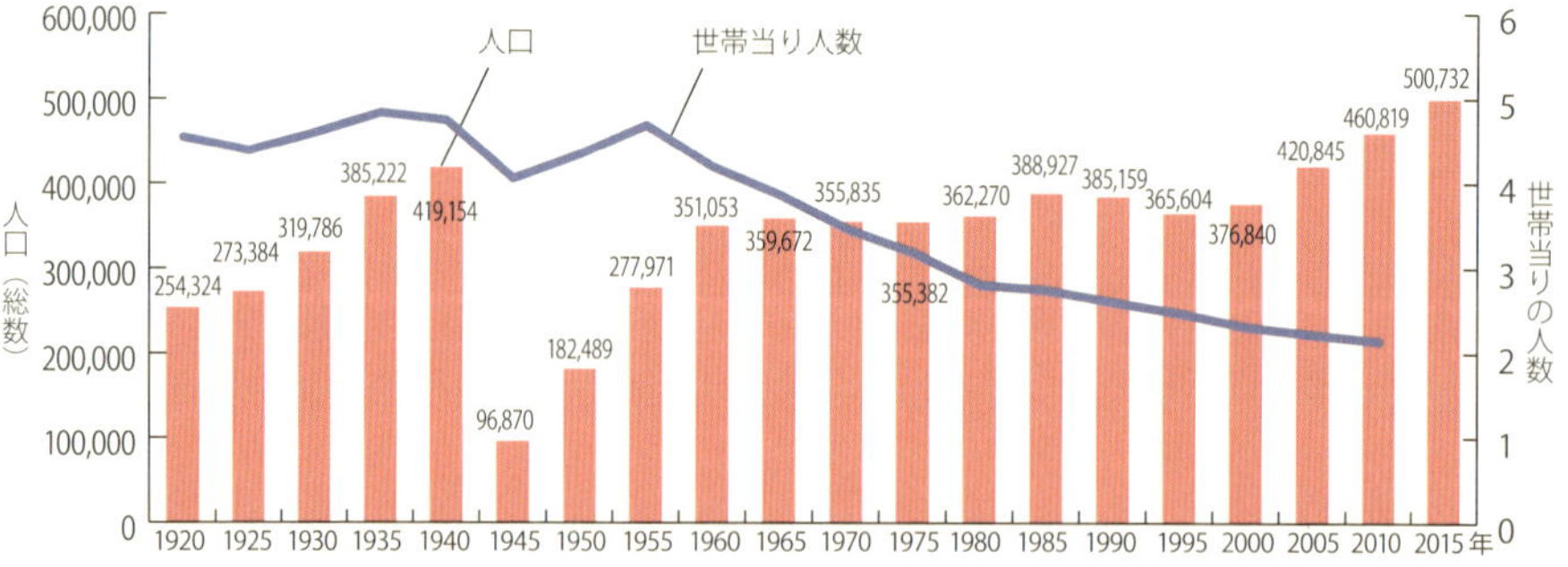

江東区の人口と世帯当たりの人数の推移
2010 年までは国勢調査、2015 年は住民基本台帳（2015.10.01）より作成

久染　都電がなくなったり、都営地下鉄新宿線が開通したことも大きな変化でしたが、やはり工場がなくなり、そこに大きくて背の高い団地が生まれてきたのは衝撃的でしたね。

奥野　南砂町にあった汽車会社(*1)の跡が集合住宅団地になったのも大きな変化ですよね。

松川　本書でも紹介していますが、内海さんの写真に、汽車会社があった頃の風景があります。

江東区の「たからもの」

松川　それでは次にみなさんが感じておられる江東区の魅力についてお話いただけますか。

佐藤　江東区は職人のまちであり、商人のまちであり、工場労働者のまちで、それがベースになっています。むろん、木場や倉庫業の旦那衆もいます。さらに亀戸や洲崎には遊郭もあったんですね。江東区で縁遠いのは学者くらいでしょうか。山の手の屋敷まちのように均一の住民が暮らしていたのではない。多様性があるのが魅力ではないでしょうか。

　私は本所で生まれ育ったのですが、本所・深川は「川向こう」と言われていたんです。隅田川の東ですから「川向こう」なんですね。隅田川を渡った東側は、一段低く見られていたんです。ですから江東区の人たちには「川向こう」に対するコンプレックスが原点にあると思うんです。本物の江戸っ子よりも江戸っ子らしく振舞わなくてはならない。江戸っ子の端くれゆえに、「何言ってやんでえ」と言った意地やつっぱりがあった。江戸時代から昭和40年代まで、そうした気分が区民の中に息

佐藤哲章さん

づいていたのではないでしょうか。それが江東区の特徴であり、魅力にもなっているんだと思います。日本橋の大旦那とは違って、少し斜に構えた心意気の文化が江東区には根づいたんだと思っています。

松川　私も内海さんに「落語の世界を理解してないねえマッチャンは」とよく言われました。「川向こう」に生まれ育った方には、独特の誇りを感じました。

佐藤　本所（墨田区）と深川（江東区）のいちばんの違いは交通。江東区には昭和42年まで都電以外の鉄道駅は亀戸しかなかった。墨田区には国鉄（JR）、京成、東武などの駅があった。交通の面でも江東区は遅れていました。

小倉　地下鉄東西線が東陽町までできたのが、67（昭和42）年ですよね。

佐藤　それからですよ、江東区の鉄道網が広がっていくのは。清澄白河が今のように賑わってきたのは、都営新宿線や半蔵門線の駅ができてからですよ。

松川　奥野さんはどこに魅力を感じていますか。

奥野　魅力というよりも他の区との違いがあるとすれば、まず、江東区の地形の特色は亀戸から豊洲まで坂がないことです。地面は平らなのですが、永代通りから南は海を埋め立ててできた新しいまちです。旧市街の人たちは南側に移住することはほとんどないので、南側は外から来る人、新住民のまちです。先ほどの佐藤さんのお話は永代通りの北側のことで、「川向こう」という感覚は南側の新住民にはありません。でも時間が経つと南側の人たちも江東区民になっていくんですよね。

　私が入庁した74（昭和49）年頃は、

汽車会社の跡地に建つ南砂２丁目集合住宅

奥野敏子さん

縦の交通機関がありませんでしたので、そうしたことも旧市街から新市街へ移住することを妨げていたのかもしれません。

松川　現在、江東区は8割を超す住民が集合住宅に住んでいるんですよね。旧市街の方にも、集合住宅化が進んでいるのですね。では次に、小倉さんお願いします。

小倉　広報にいた頃、取材にいらした新聞記者の方が「中央区では江東区のことを川向こうって言ってますよ」と私に言ったので、ムッとしたことがあります。私にとって江東区の魅力は、人なんです。これまでに出会った素敵な方々を何人か紹介させていただきます。

　まず、同潤会清砂通アパートに住んでいらした内海三郎さん。ご近所付き合いをとても大切にされていました。南砂にあった汽車会社に勤めておられて、その頃の写真をたくさん撮っていました。江東区に住んでおられる年配の方は少し気難しいところがあるのですが、いったん胸襟を開いてくれると、心底、親しみを持ってくれます。

　もう一人は海苔の養殖を稼業にされていた南砂2丁目の植草周一さん。今もおつきあいいただいています。学童疎開に行っていた頃の記憶をとても大切にされていて、学童疎開コーナー（現在は江東図書館）が、当初、植草さんのご自宅近くの第四砂町小学校に開設されたときには、語り部としてほぼ毎日のように通われていました。

　清澄2丁目に住んでおられた柳沢弘道さんも「江東区愛」のある方でした。隅田川がきれいになってきたころから川に鮭を遡上させたいと、卵を区内の小学校に配って孵化を体験させ、育っ

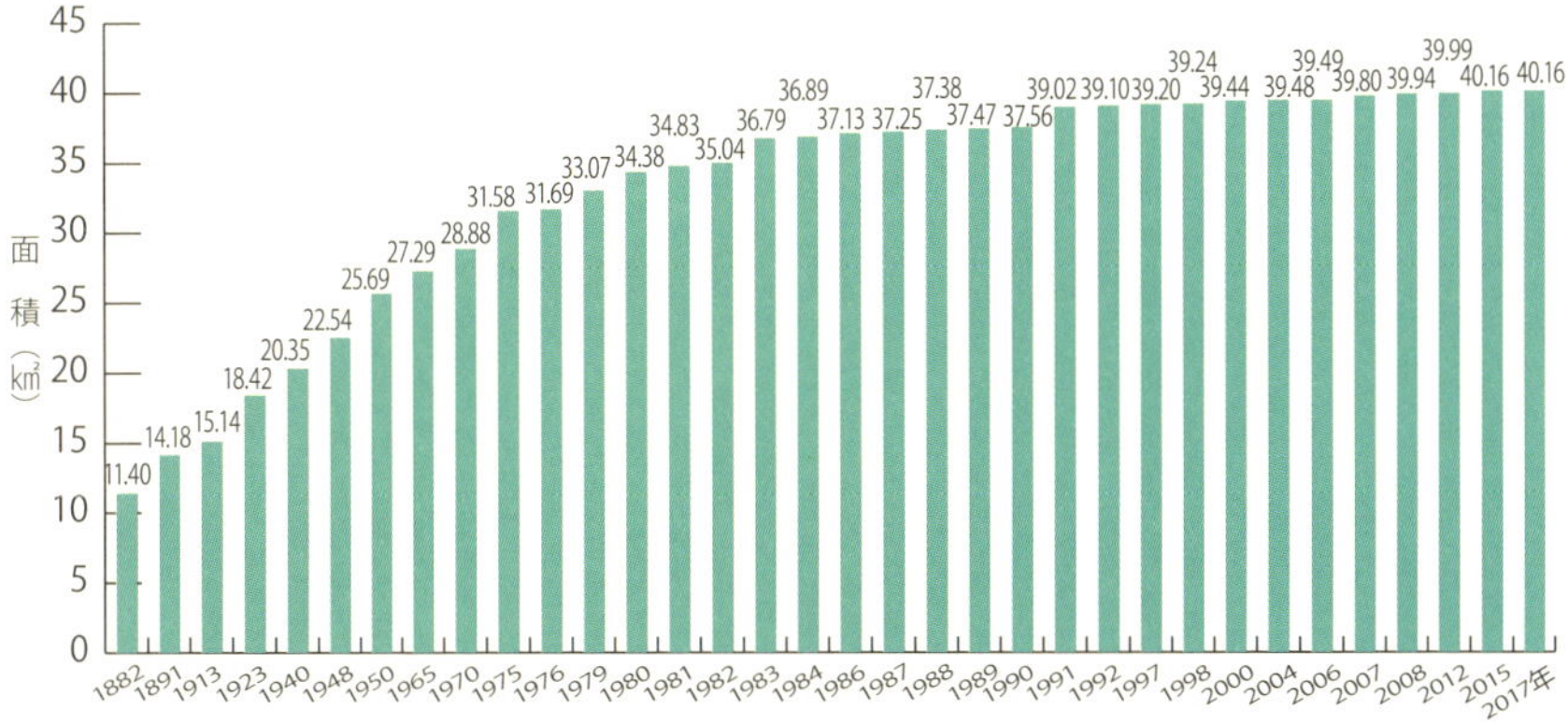

江東区の面積推移　『江東区データブック 2017』より作成

た幼魚を集めて東京海洋大学の桟橋から子どもたちと一緒に放流させていました。

北砂に住んでおられた斉藤富三さんは、先代か先々代まで小名木川で草屋（斉藤家の屋号）の渡しをされていた方です。川が道だった頃、舟はトラックやタクシーでした。櫂を使った和船の操船技術を継承する「江東区和船友の会」を立ち上げました。95（平成7）年頃、アメリカから和船に興味を持っていたダグラス・ブルックスさんという方が来日され、和船には設計図がないので、船大工の藤原さんに弟子入りし3艘の和船を作ったんですが、斉藤さんは実に親身にサポートをされていました。

亀戸9丁目の町会長をされていた鈴木隆さんも忘れがたい方です。地域への思いがとても深い方でした。亀戸9丁目は、旧中川や荒川沿いにある地域なので、かつては度重なる水害に見舞われました。城東電車（＊2）の軌道があった頃の記憶を残すために、亀大小再開発事業（＊3）に合わせて掘り出した軌道をモニュメントとして地域の中学校などに設置しました。さらに、浅間神社の茅の輪神事（＊4）などに際して、再開発後の高層住宅に暮らす人たちにも参加を呼びかけて、浅間神社を核にしたコミュニティを大事に育てた方でした。3月10日の東京大空襲のさい、旧中川周辺で亡くなった多くの人たちを慰霊したいとの思いがあって、旧中川にふれあい橋が架橋されたのを機に、8月に灯籠流しを始めました。震災、戦災、水害に見舞われることが多かったために、地域の人たちが手を取り合わなければ、これからの災害を乗り越えられなかったのではないでしょうか。「結」のような繋がりを作ることに尽力されたのが鈴木さんでした。

松川　今のお話の中で、すでに旅立たれた方も多いですね。たくさんの方とお別れしなければならなかったのは残念です。では、中川船番所資料館で今も活躍されている久染さんにとっての魅力はどんなことでしょうか。

久染　海に向かって延びていったことです。２千年前に亀戸あたりに江東区の片鱗が生まれた。そして江戸時代に入るちょっと前に小名木川が海岸線になり、やがて清洲橋通りが、さらに砂町新田ができる。深川東部の入江を埋め立て、木場を移転することで陸地が増える。陸地が増えると北から西から川が延伸される。近代になっても運河は延びる。日本橋が本店で、江東区は倉庫機能を担っていたので、徳川家康の時代からその関係は変わらないできました。豊洲や有明や東雲など、倉庫機能を担っている地域はやはり江東区で、家康の時代から現在まで続いている。川が繋がってくると関東地方からの特産品が入ってくる。川筋からの材木も入ってくる。

　豊洲や有明は江東区とは違うといっても、家康からの埋め立ての歴史を考えれば、臨海部も一緒ではないか。北から南へ橋を越えるたびに、ここから先は明治以降、ここから先は昭和以降にできたまちだと。こんなところって他にないです。それが江東区の最大の魅力ではないでしょうか。各時代がバウムクーヘンのようになっている。いくつかの堀は埋め立ててしまったけれど、主な川は江戸時代からのものが残っています。埋めてしまったとはいえ、今でも23区の中で水の占める割合が一番多い区です。

小倉芳子さん

図版出典・提供

図1　出典：『江東地域の400年 ── 小名木川とその周辺』江戸開府400年事業　中川船番所資料館特別企画展パンフレット（編集・発行：江東区教育委員会／江東区中川船番所資料館提供：（公財）江東区文化コミュニティ財団　江東区中川船番所資料館

図2　出典：『江東区のあゆみー江戸から平成』編集・発行：江東区政策経営部広報広聴課　提供：江東区政策経営部広報広聴課

図3　出典：『江東区のあゆみ ── 江戸から平成』編集・発行：江東区政策経営部広報広聴課　提供：江東区政策経営部広報広聴課

図4　出典：『江東古写真館－想い出のあの頃へ』編集・発行：江東区教育委員会　提供：江東区教育委員会

図5　出典：『江東古写真館 ── 想い出のあの頃へ』編集・発行：江東区教育委員会　写真提供：中谷実

図6　出典：『水辺のまちの形成史』江東区土木部河川公園課　提供：江東区土木部河川公園課

図7　出典：江東区報 No.1939（2017年8月21日号）より作成　提供：江東区広報広聴課

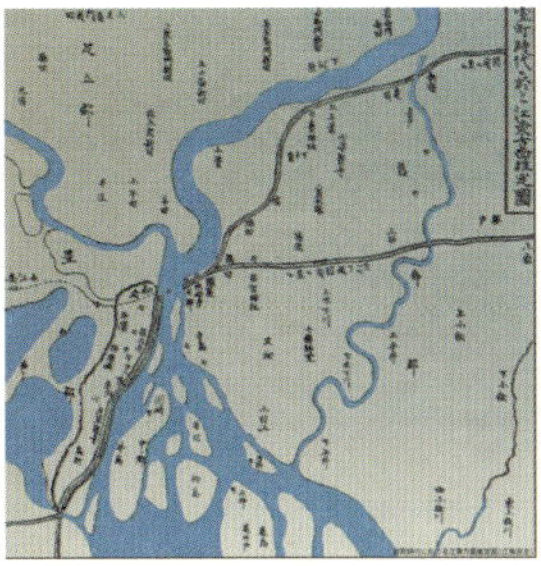

【江戸初期】1590-1657

図6
『水辺のまちの形成史——400 年』

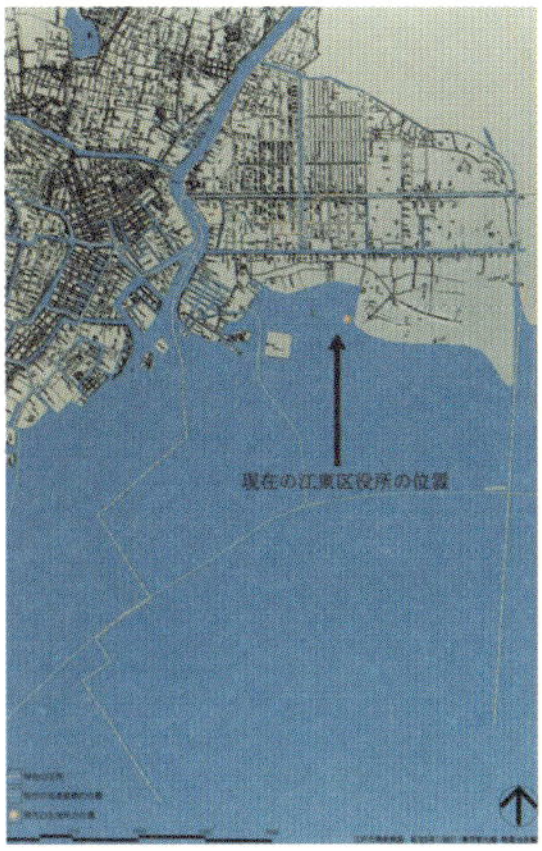

【江戸中期】1658-1803

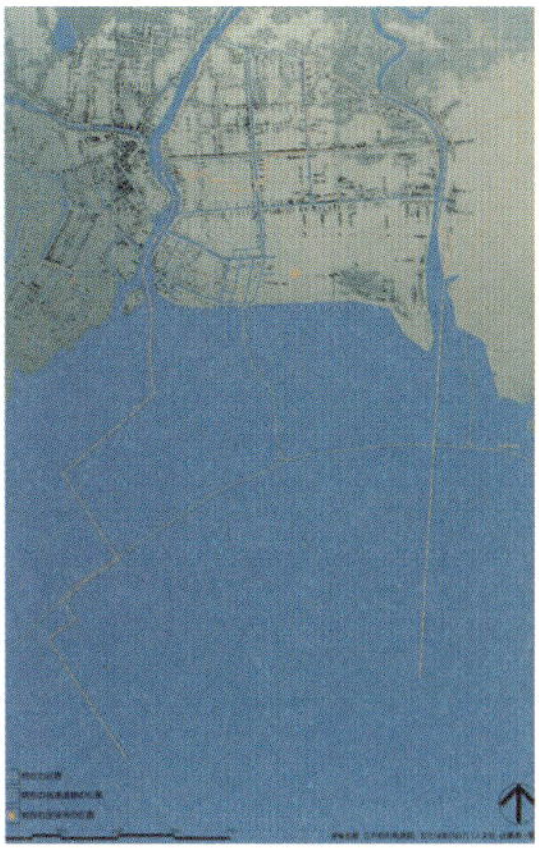

【江戸後期→明治初期】1804-1876

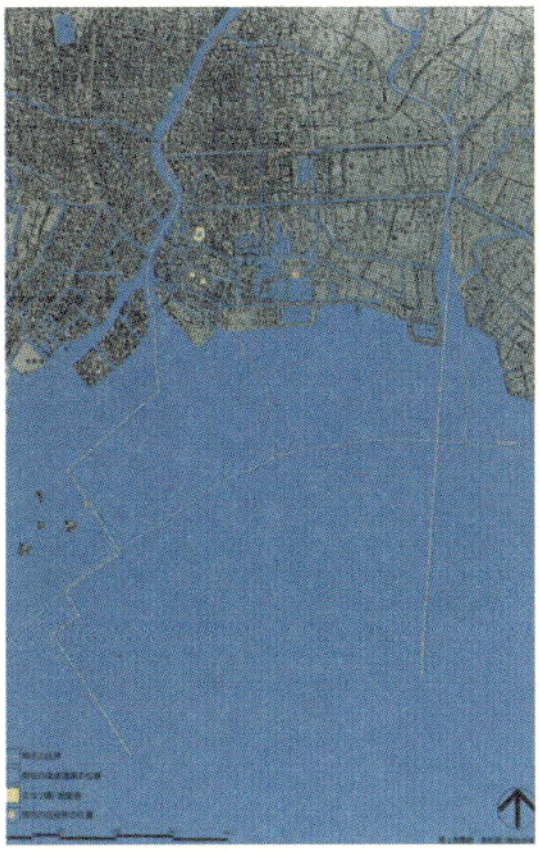

【明治中期→大正中期】1877-1922

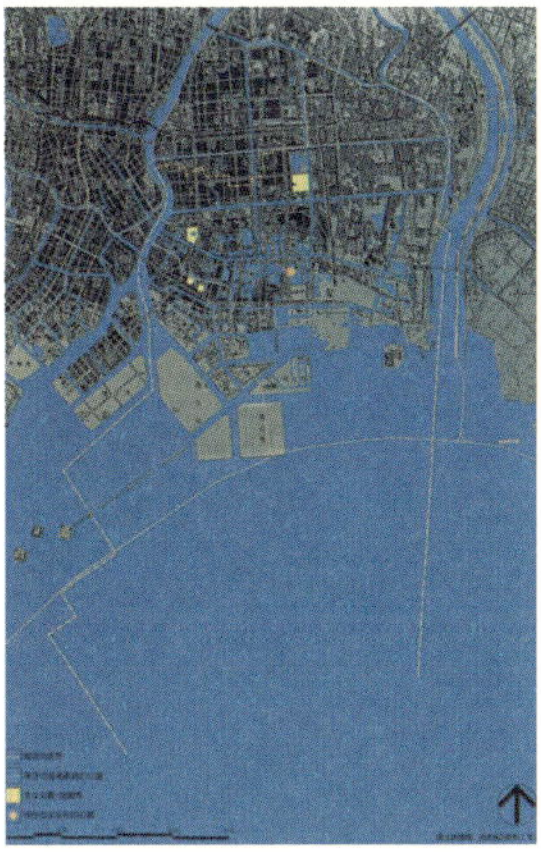

【震災→昭和初期】1923-1945

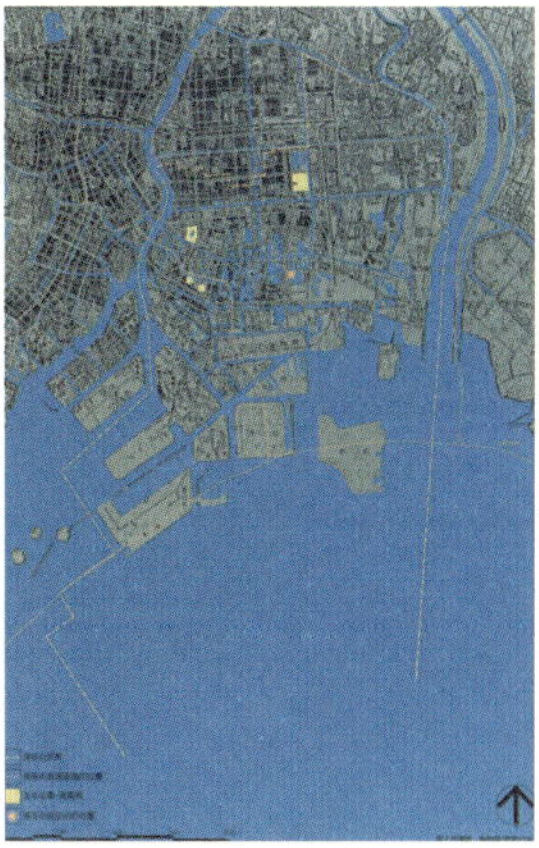

【戦災→復興】1946-1955

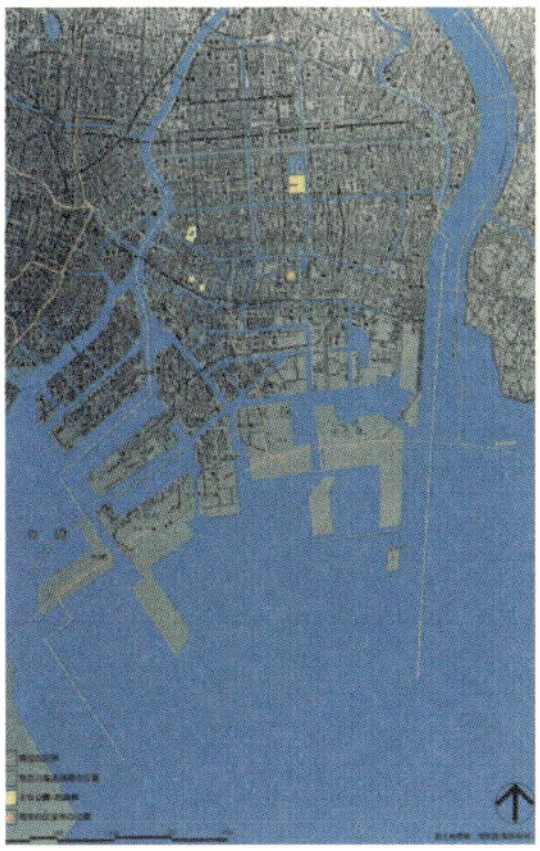

【高度成長期】1956-1973

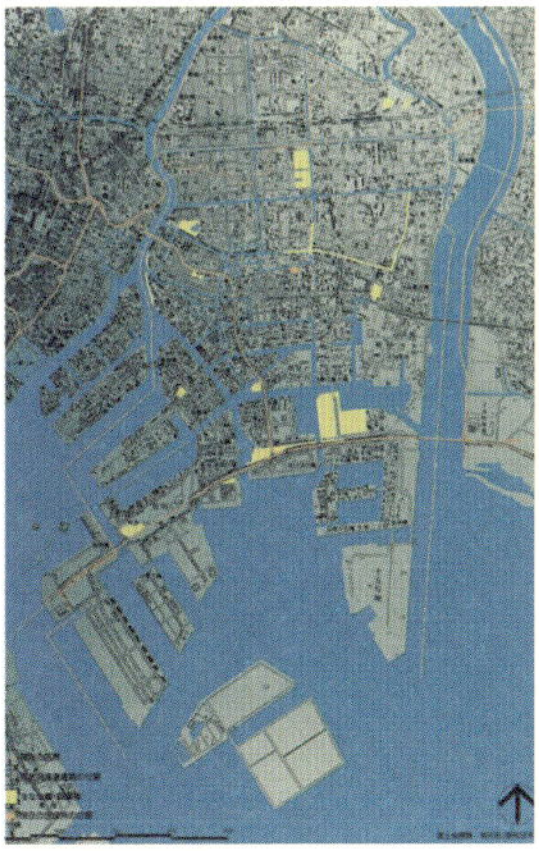

1974-1998

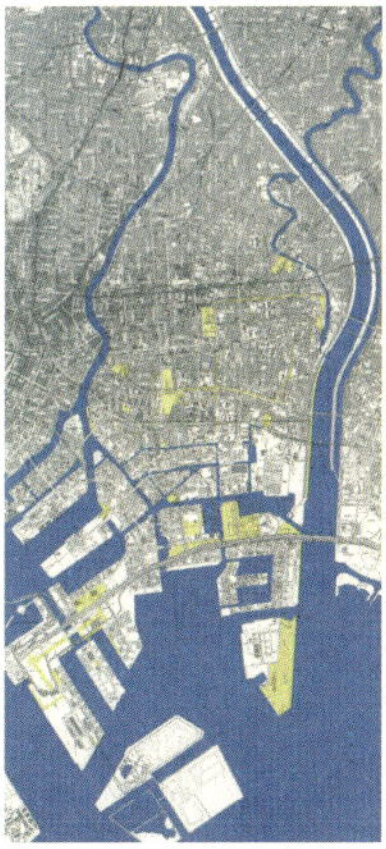

2009-

豊洲駅周辺の公開空地

アーバンドックパークシティ豊洲タワー

地域の求心力
——神社や祭り

松川　お隣の墨田区では曳舟川などを埋めて道路にしましたが、同じ頃、江東区でも川を埋める計画はあったのでしょうか。

久染　その頃はまだ水運が主流だったんですね。小名木川も物資の運搬に使われていましたから。

佐藤　昭和50年代までは、運河や堀も残っていたと思います。残すべきだという議論もありました。仙台堀川の埋め立ての時に「江東区はこれ以上、堀を埋めるな」という論を新聞などで発表した学者もいました。当時の土木の人たちは、「学者は分かっていない。私たちは水害と悪臭に苦しんでいるんで、ノスタルジアで語ってもらっては困る」と言っていました。そんな議論の中で川を残そうという機運が出てきたことも確かです。

小倉　豊洲は運河に囲まれた地域です。豊洲文化センターでは地域の人たちが集まって、「水と緑」をテーマに自分たちが住んでいる地域を紹介する事業を行っています。先日、担当者と街を歩きました。豊洲は集合住宅だけではなく、オフィスビルも足元が公開空地（＊5）になっています。そのため歩くと緑がとても豊かに感じられて、運河と運河が一直線につながっているんです。豊洲に住んでいる人たちは、水と緑に囲まれているので、住み心地はいいだろうなと思います。

石川島播磨重工の工場跡に建ったアーバンドックパークシティ豊洲タワーという50階建ての集合住宅の自治会の方や地元の商店会長はコミュニティをとても大事に考えていて、地域

久染健夫さん

富岡八幡宮の大祭　撮影／松本敏勝

住民を巻き込んださまざまな催しを行っています。あと何年か経たないと「江東区民」という確固たる意識は持てないかもしれませんが、コミュニティが育っていってくれればと思っています。

佐藤　大島や砂町の団地ができた時にも、旧住民と新住民の意識の違いということはありました。それを乗り越えたのは、公団、公社の団地のほとんどに自治会があったことです。江東区は町会や自治会の組織率が非常に高いんです。ただ豊洲などでは、旧地区に囲まれていないので、新しいコミュニティをどう作っていくかがこれからの課題になるんでしょう。

小倉　今年（２０１７年）は、富岡八幡宮の本祭です。豊洲も富岡八幡宮の氏子になっていますが、亀戸９丁目のように浅間神社を中心にまとめるというのとは違って、豊洲には神社がありません。区内には地区ごとに神社があるのに、豊洲には求心力になる神社がないんですね。

奥野　日本の神社はヨーロッパの広場のようなものですよね。

小倉　シビックセンターとか、公の施設が神社に代われるかというとそういうものではないんですね。

松川　「コミュニティの原点は神社にあり」でしょうか。かつては地元の商店街もコミュニティの場として機能していたと思うのですが、最近、砂町銀座商店街の副理事長さんにお話を伺ったところ、「もっと地元の人に来てほしい」とのことでした。

久染　深川江戸資料館通りの商店街も店と店の間にお寺が入っているので難しいんでしょうけど、しだいに観光客相手の商売になってしまう。日常の買

旧中川大島での「そらまめ祭り」

い物ができる商店街が年々淋しくなっています。

松川　高齢社会ですから、買うものも少ないし、あまりお金を落としてくれない。テレビで紹介されて観光で来てもらうのは悪いことではないけど、地代が高い割には商品の売り上げが伸びないのが悩みだと副理事長さんはおっしゃっていました。

佐藤　これは江東区だけではなく、大型店の進出と少子高齢化によって、日本全国で起きていることです。駅前商店街はまだいいのですが、砂町銀座、香取大門通りなど、路地の商店街は大変です。

松川　地区ごとにある神社が求心力になっているというお話がありましたが、「まちの絆」が生まれるポイントはなんでしょうか。

小倉　住民はどこかの神社に属していますので、祭りへの参加は「絆」を生むには重要ではないでしょうか。

佐藤　浅草三社祭は外の人も神輿担ぎに参加できますが、富岡八幡は地元の人の祭りなので、外の人は神輿が担ぎにくいといわれています。開かれていないのが「絆」になっているかもしれません。

松川　コミュニティの本質に関わることだと思うのですが、閉じていることも大事ですが、どこかで開かれていることも必要です。

久染　神社の祭りではありませんが、旧中川の河川敷で行われている「そらまめ祭り」というのがあります。江戸の周辺でどんな野菜が栽培されていたのかを明治初期の資料で調べると、中川の流域でそら豆を栽培していたんですね。「そらまめ祭り」は5月に行われます。大島の各町会が中心になって、

江東区の主な道路・鉄道・運河・川

2014（平成26）年に立ち上げました。そら豆は地元の人たちや小学校に声をかけて栽培してもらっています。

江東の未来

松川　それでは締めくくりとして、これからの江東区はどうなったらいいのかについて伺いたいと思います。江戸時代から続いてきた空間がこの先どうなっていくのか、区民の皆さんも知りたいところではないでしょうか。

奥野　青島幸男さんが都知事になった時に、開催を予定していた「都市博」が中止になったのですが、すでに地下工事は部分的に始まっていました。開催を見込んでできた有明のごみ処理施設は今も使われています。都市博の遺産として、区画整備ができていたので、そこに癌研究所や大企業のオフィスなどが建設されて、現在も恩恵を受けています。

2020年の東京オリンピック・パラリンピックは当初、「コンパクト」をスローガンにしていましたので、競技施設は有明に集まっていましたが、周辺の県に分散することになり、現在、有明アリーナ、有明体操競技場、有明BMXコース、有明テニスの森などが競技会場として予定されています。新設する施設はほとんど木造の仮設ですが、施設の跡地や木材の再利用など、どのような影響を区にもたらすのか、現段階では予測できません。

豊洲では市場の周囲に「ぐるり公園」というのをつくったのですが、市場の移転時期が確定していませんので、一部を除き一般公開されていません。地域住民からは市場が来なくても使わせてほしいとの要望はあるのですが、全面公開は未定です。市場移転の決着がつけば、豊洲も新たな展開に入ると思います。もう一つ、大田区との間でもめている中央防波堤があります。江東区に帰属することになれば、南側の発展の仕方によって、江東区の未来が変わってくると私は思っています。

江東区の人口は現在、約50万人、そのうち臨海部は15万人以上、しかも若い人が多い。今後さらに増えることが予想されますので、臨海部がどのようになっていくかは、江東区全体に少なからず影響を与えます。

松川　臨海部がどのようになっていけばいいと考えていますか。

奥野　ごみ処理施設は当分大丈夫のはずです。これ以上海を埋め立てて、臨海部を広げていくのか。政治家は発展を良しとしていますから、江東区もこの先、海を埋め立てるかもしれません。建築家の丹下健三が61年に提案した「東京計画１９６０」のように、東京湾を陸地化することになるのか、東京全体のことになってきますから、なんとも言えませんが、私は港区と地続きになっただけでも驚いています。

小倉　面積は明治14年頃の約11平方キロに比べて、3.5倍の約40平方キロになっています。

久染　水運の役割はとりあえず終わりましたが、災害時には水が地域をつないでいるというのは効力を発揮するのではないでしょうか。さらに日常的に通勤手段にすることも考えていいのではないでしょうか。区内には82年から全国初の区営水上バスが通っていたのですが、98年に民間に引き継がれ、03年に廃止になりました。就航時はコンクリートのカミソリ護岸が多かったので、周辺の風景はよく見えなかったはずですが、今は親水護岸にしているので、水上からまちを眺めるのは気持ちがいいと思いますよ。東京都も水運をもう少し復活させようと提案していますが、江東区にはその糸口がありますよね。小名木川は家康がつくった川で、端から端まで唯一残っていて、関東中の川とつながっているんです。

小倉　江東区は他所から流入してきた人が多いまちです。縁あって住むこのまちを好きになっていただきたいと思っています。これからどのように

図７　**オリンピック・パラリンピック競技会場**

1 有明アリーナ
2 有明体操競技場
3 有明 BMX コース
4 有明テニスの森
5 青海アーバンスポーツ会場
6 海の森クロスカントリーコース
7 海の森水上競技場
8 夢の島公園
9 東京辰巳国際水泳場
10 オリンピックアクアティクスセンター

なってほしいかと問われると、新木場の海側にある若洲海浜公園一帯をゴルフ場だけではなく、交通の便をよくして、もう少し活用できるようにしたらいいと思っています。

佐藤　江東区の最大の財産は水に囲まれたまち、これしかないと思います。これは変わらない。古いものを壊して、新しいものをつくり続けてきたまちです。臨海部に新しいまちができてくるのも江東区の宿命です。水に囲まれた環境さえ失わなければいいと思っています。これから先、人口減少の時代に入りますので、国土を広げていくような大規模開発は減速するはずです。

大島1丁目で、廃校になった校舎を借りてインドのインターナショナルスクールができました。そのせいか周辺にインド人が増えてきました。大島6丁目の自治会役員にはインドの方もいます。白河でも廃校になった小学校がインターナショナルスクールになっています。さらに新しい集合住宅には外国人が住み始めています。もともと日本全国からやって来た人たちが住み着いたまちですから、外国人を受け入れていくような区になってもいいのではないでしょうか。いつでもウエルカムでいられるような江東区であってほしいです。

松川　昔からのコミュニティがしっかりしているからこそ、外国人も受け入れようということですね。根っこにある「絆」がしっかりしているので、新しい人が入ってきても、環境が変わっても柔軟に受け入れる度量が江東区民にはあるということでしょうか。本日は示唆に富んだお話をいただき、ありがとうございました。

（2017年8月8日　深川東京モダン館にて収録）

註

＊1 汽車会社　輸入に頼っていた鉄道車輌を日本国内で製造するための車輌製造会社（汽車製造合資会社）が1890（明治23）年設立され、1928～31（昭和3～6）年にかけて南砂町に工場が作られた。新幹線第1号車両もここで製造された（p162参照）。

＊2 城東電車　都電の前身で、1911（明治44）年に城東電気軌道株式会社が運行した路面電車。第1期線として17（大正6）年に小松川線（錦糸堀―小松川）を開業、21年には砂町線（水神森―大島）を開業した。いずれも都電に引き継がれ、72年に廃止された。

＊3 亀大小再開発事業　正式には「亀戸・大島・小松川地区再開発事業」。東京都が江東デルタ地帯における大震災時等の災害対策として計画した事業の一つ。1980（昭和55）年に始まり、江東区側の工事は2009（平成21）年に終了している。事業の完了は18（平成30）年の予定。

＊4 茅の輪神事　カヤ、スゲ、ススキなどを編んで作った茅の輪をくぐることで、犯した罪や穢れを除き去るための除災行事。6月のものを「夏越の祓」、12月のものを「年越の祓」と呼んでいる。亀戸浅間神社では1年365日にちなみ直径365センチの大茅の輪が作られている。

＊5 公開空地　建築基準法の総合設計制度で、開発プロジェクトの対象敷地に設けられた空地のうち、一般に開放され自由に通行または利用できる区域。容積率の割り増しや高さ制限の緩和が受けられる。

次ページ写真
（上）大横川をゆく船（撮影／松本敏勝）
（下）若洲海浜公園。ゲートブリッジの下にも専用の釣り場がある

あとがき

「著者として本を作る」などという大それたことは、２００７年から15年の『カルチャーナビKOTO』連載中は夢にも考えなかった。連載終了後しばらくして、心残りが膨らんでいることに気づいた。それは、連載時に「載せたい」と思う写真の多くがスペースの都合で載せられなかったこと、とりわけ第3章に掲載している内海三郎さんの写真には、ほかにも見てほしいと思うものが多数残っていることに由来していた。加えて、この水辺のまちを歩きながら考えたこと、その楽しさをもっと多くの人に知ってもらいたい、未来のまちにむけて少しでも役に立つことを整理しておきたいとも考えた。

あれやこれやと思いめぐらせながら、なかなか手付かずでいたが、構想が具体的になってきたのは、16年の夏、内海さんとの「お別れ会」で区の職員だった小倉芳子さんと奥野敏子さんにお会いしたときだった。内海さんを偲びながら、3人でコーヒーを飲み、構想をお話しし、ご協力をお願いした。お2人には快諾していただいたが、「内海さんがお元気なうちに作ればよかった」というのがその時の正直な気持ちだった。内海さんが旅立ってしまわれることなど、考えたこともなかったので、油断しているうちに、突然お別れのお知らせをいただく羽目になってしまった。きっと、「相変わらず、くだらないことに忙しがっていやがるからだ！」と怒っていらっしゃるのではないかと心配でもある。内海さんと知り合ってからの何年かは、私にとって忘れられない大切な時間である。

本をつくるにあたって、数えきれない方々にお世話になった。まずは、『カルチャーナビKOTO』に連載のきっかけを作ってくださった小倉芳子さんである。今回の本の作成にあたっても、奥野敏子さんと共に監修、再調査（第2章）の行程作成、当日案内などをお願いし、データの所在や入手、座談会への参加、関係する方への連絡にも協力していただき、全面的にお世話になった。

連載中は、もちろん財団の職員の方々には大変お世話になった。小林徹さん、田口好次さん、勝治美樹さん、小久保あかねさん、矢吹智英さん……財団の歴代担当者は次々に代わられ、お名前を挙げきれないが、取材の段取り、写真の用意、データ調べなど、未熟な書き手のために、執筆環境を整えてくださった。記事が出るたびに、読者の反応を伝えていただき、それは、私の執筆の原動力となった。「あの記事を持って、水まんじゅうを買いに走った人がいる」、「記事に写真が出たために、小学校の同級生から『まだ元気にやっていることがわかったよ』と電話をもらった人もいる」など、伝えてくださる読者の反応が、どれだけ書き続けるための励ましになったかと思う。連載と今回の取材・インタビューに登場してくださった方々にも心より御礼申し上げたい。

連載時から今回の本作りまで、たびたび美しい写真を提供してくださった（株）前川設計の松本敏勝さん、内海さんの写真を本に収めることを快諾してくださった内海家の方々、第4章の座談会に参加してくださった小倉芳子さん、奥野敏子さん、佐藤哲章さん、久染健夫さん。「刊行によせて」の執筆をご快諾くださった法政大学教授・陣内秀信先生、身の程知らずに勝手なお願いをしたお詫びも含め、深く感謝をささげたい。

最後になってしまったが、連載原稿の出版を快く許して下さった（公財）江東文化コミュニティ財団、出版元となってくださった萌文社の永島憲一郎さん、編集を引き受けてくれた松井晴子さんとエディトリアルデザインを担当してくれた朝倉恵美子さんにも御礼申し上げたい。考えを煮詰めて文字にするまでかなり時間のかかる私は、お2人の作業の予定をたびたび狂わせ、ご迷惑をおかけした。また、黙って作業を見守ってくれた生活構造研究所の同僚たちと家族にもそっと感謝を伝えたい。ささやかなこの「本」が、この水辺のまちを愛する人を増やすことに少しでも役立ってくれれば、望外の幸いである。

2017年9月

松川淳子

第1章・第3章（p112-p151）／初出（公財）江東区文化コミュニティ財団発行『カルチャーナビKOTO』2007年5月号～2015年6月号に掲載したものを一部加筆修正

＊写真は特記以外、著者撮影

松川淳子（まつかわ じゅんこ）

東京大学工学部建築学科、同大学院卒業。建築・地域計画専攻。東京大学助手、（財）余暇開発センター客員研究員等を経て、1991 年より、（株）生活構造研究所代表取締役。現在、同研究所取締役特別顧問。一級建築士。コミュニティのあり方の視点から、全国各地域の生活調査、構想、計画づくりなどに携わる。1995 年阪神淡路大震災以来、トルコ、台湾、中国四川、中越、東日本など、国内外の自然災害被災地支援、防災・減災活動に継続的に取り組んでいる。国際女性建築家会議日本支部会長を経て、現在相談役。2003 年より IAWA（国際女性建築家アーカイブ）オフ・キャンパス・アドバイザー。

監修・協力／小倉芳子　奥野敏子
協力／（公財）江東区文化コミュニティ財団
装幀・本文デザイン　朝倉惠美子
編集協力／松井晴子

水辺のまち 江東を旅する

2017 年 10 月 31 日
初版第 1 刷発行

著　　者　松川淳子
発 行 者　谷　安正
発 行 所　萌文社
〒 102-0071
東京都千代田区富士見 1-2-32
ルーテルセンタービル 202
TEL　03-3221-9008
FAX　03-3221-1038
E-mail　info@hobunsya.com
URL　http://www.hobunsya.com/
郵便振替　00190-9-9041
印刷製本　シナノ印刷株式会社

Printed in Japan. ISBN : 978-4-89491-346-2